O Guia do INVESTIDOR AZARADO para o TRADE de OPÇÕES

CB008162

O Guia do Investidor Azarado para o Trade de Opções

Um guia acessível para investimentos sustentáveis com uma necessidade mínima de sorte!

Julia Spina

Coautoria de Anton Kulikov

Prefácio de Tom Sosnoff

ALTA BOOKS
GRUPO EDITORIAL
Rio de Janeiro, 2023

O Guia do Investidor Azarado para o Trade de Opções

Copyright © 2023 STARLIN ALTA EDITORA E CONSULTORIA LTDA.

Copyright © 2022 tastytrade.

ISBN: 978-85-508-1871-9

Translated from original Nome The Unlucky Investor's Guide to Options Trading. Copyright © 2022 by tastytrade, Inc. ISBN 978-1-119-88265-7. This translation is published and sold by John Wiley & Sons, Inc., the owner of all rights to publish and sell the same. PORTUGUESE language edition published by Starlin Alta Editora e Consultoria Ltda, Copyright © 2023 by Starlin Alta Editora e Consultoria Ltda.

Impresso no Brasil — 1ª Edição, 2023 — Edição revisada conforme o Acordo Ortográfico da Língua Portuguesa de 2009.

Dados Internacionais de Catalogação na Publicação (CIP) de acordo com ISBD

S757g   Spina, Julia

O guia do investidor azarado para o trade de opções: um guia acessível para investimentos sustentáveis com uma necessidade mínima de sorte! / Julia Spina. - Rio de Janeiro : Alta Books, 2023.
224 p. : il. ; 16cm x 23cm.

Tradução de: The unlucky investor's guide to options trading
Inclui índice.
ISBN: 978-85-508-1871-9

1. Economia. 2. Trade. 3. Investimentos. I. Título.

CDD 332.024
2023-1357   CDU 330.567.2

Elaborado por Odilio Hilario Moreira Junior - CRB-8/9949

Índice para catálogo sistemático:
1. Economia: Investimentos 332.024
2. Economia: Investimentos 330.567.2

Produção Editorial: Grupo Editorial Alta Books
Diretor Editorial: Anderson Vieira
Editor da Obra: José Ruggeri
Vendas Governamentais: Cristiane Mutüs
Gerência Comercial: Claudio Lima
Gerência Marketing: Andréa Guatiello

Assistente Editorial: Marlon Souza
Tradução: João Guterres
Copidesque: Luíza Thomaz
Revisão: Karina Pedron; Alessandro Thomé
Diagramação: Daniel Vargas
Revisão Técnica: Douglas Nogueira (Assessor de Investimentos da Blue 3)

ALTA BOOKS
GRUPO EDITORIAL

Rua Viúva Cláudio, 291 — Bairro Industrial do Jacaré
CEP: 20.970-031 — Rio de Janeiro (RJ)
Tels.: (21) 3278-8069 / 3278-8419
www.altabooks.com.br — altabooks@altabooks.com.br
Ouvidoria: ouvidoria@altabooks.com.br

Editora
afiliada à:

Para Beth, Ken e Joe Spina, bem como a todos os pequenos e mais confusos Spinas que se juntaram a nós ao longo do caminho.

O ás-ás-nove é uma piada interna no tastytrade e, muito possivelmente, a maneira mais irritante de perder uma mão de blackjack. Blackjack, ou "vinte e um", para aqueles que não estão familiarizados, é um jogo entre um crupiê e um jogador, no qual o objetivo é chegar o mais próximo de 21 sem ultrapassá-lo. As cartas figuradas valem 10, e ases valem 1 ou 11. Imagine estar em uma mesa de blackjack se dando bem com 20, e o crupiê mostra um ás. Ele confirma que não tem um blackjack, vira a segunda carta e mostra outro ás. A rodada está basicamente vencida e finalizada, porque o crupiê tem uma mão terrível, totalizando 2 ou 12, contra o seu 20. Ele vira a terceira carta e revela um nove, e antes mesmo de você terminar a conta, a casa já pegou suas fichas.

Sumário

Prefácio de Tom Sosnoff

Eu percorri um longo caminho desde meus primitivos dias de trading de títulos nos anos 1980 e 1990. Hoje, *tiro* a embalagem dos cachorros-quentes quando os como e também aprendi algumas coisas sobre investimentos depois de vinte anos conhecendo pessoas de todo o país e ensinando-as a negociar. Uma conclusão maluca: investidores azarados geralmente fazem os melhores trades. Por quê? Porque qualquer um pode ter sorte e lucrar com um investimento aleatório, mas no pequeno mundo dos traders bem-sucedidos, o denominador comum é a habilidade quantitativa. Outra conclusão maluca: com acesso às informações corretas, qualquer um pode desenvolver essas habilidades.

Quando a TD Ameritrade comprou a thinkorswim em 2009, negociei com toda a alavancagem que tinha para manter pessoalmente o nome do domínio, tastytrade.com. Comprei o endereço virtual por US$9,95, anos antes, por meio do GoDaddy e estava convencido, assim como estava com o thinkorswim, de que o nome tastytrade funcionaria. Não tenho ideia do porquê amei tastytrade.com, mas às vezes palpites parecem dar certo. A razão de ser do tastytrade era preencher o vazio na mídia financeira e oferecer um modelo prestativo não testado, construído em torno de conteúdo bruto e baseado em matemática. Passamos os últimos dez anos fomentando obsessivamente o engajamento de clientes com a introdução de estratégias financeiras complexas para investidores de varejo. Ainda respondemos perguntas 24 horas por dia e ensinamos a partir do que aprendemos como formadores de mercado e empreendedores de software: tudo de graça. Nós realmente somos o convidado que não vai embora, mas acreditamos que o envolvimento ininterrupto do cliente é essencial para motivar os investidores.

Tenho várias lembranças especiais das duas últimas décadas, mas uma de minhas favoritas é uma estranha história de trades ocorrida em uma viagem ao deserto no início de 2001. Foi a primeira vez que fizemos uma mostra de trading ao vivo em Las Vegas, e um grande negociador presente me perguntou quanto tempo levaria para preencher um pedido grande usando nossa plataforma. Quando perguntei sobre seu pedido, ele me disse que queria 10 mil spreads. Isso foi antes da existência das execuções eletrônicas de spread, e pensei que ele devia estar me zoando. Porém, como demonstração de boa-fé (e porque eu não queria recuar), eu disse que poderíamos preencher o pedido em um segundo. O cliente estava convencido de que isso não aconteceria, então fiquei muito satisfeito quando disse a ele, sinalizando com a mão e tudo, que seu pedido fora atendido em menos de um segundo e o preço melhorara em cinco centavos. Fizemo-nos de idiota, mas foi assim que tudo começou. Com o passar dos anos, continuamos a formar relacionamentos inabaláveis com centenas de milhares de amigos, traders e investidores incríveis. Apostamos juntos, jantamos juntos, bebemos drinques no bar, rimos quando ganhamos dinheiro e choramos quando perdemos. Contamos piadas, envergonhamo-nos, mantivemo-nos humildes uns com os outros e torturamos nossos amigos. Concentramo-nos em construir esses relacionamentos não apenas porque foi incrível, mas também porque realmente vimos como isso motivava as pessoas a aprender a negociar e participar do mercado. Foi a chave para o sucesso da thinkorswim e inspirou a fundação da tastytrade.

Quando fundamos a tastytrade, nosso campo de provas era um antigo estúdio de hip-hop no centro de Chicago. Era um terceiro andar sem elevador, com um piano como mesa de recepcionista e uma bateria no meio da sala. Capas de álbuns antigos e instrumentos musicais quebrados estavam por toda parte, mas a energia era inegável. Nossa equipe de pesquisa era composta por um campeão de Guitar Hero com roupa de cachorro-quente, alguns estagiários e um ex-formador de mercado. Nosso mentor era um comentarista esportivo cujo momento de fama foi fazer sexo na linha de 50 jardas no Soldier Field e, ainda por cima, contratamos um monte de comediantes aleatórios do famoso Second City de Chicago. Graças a Deus, sabíamos como negociar, porque não tínhamos ideia de como lidar com a mídia. Pior ainda, nunca me esquecerei do dia em que decidimos fazer vídeos em HD. Eu pensei: "De jeito nenhum é assim que me pareço." É por isso que a tastytrade é tão incrível, porque descobrimos um modelo totalmente novo de mídia financeira, quando as probabilidades estavam contra nós.

Investidores sortudos nunca descobrem as coisas porque nunca precisam: eles simplesmente seguem o rebanho e esperam o melhor. Nós nos recusamos a seguir a mídia financeira tradicional no caminho da autopromoção e da irrelevância financeira. Encontramos pessoas inteligentes e as alimentamos com almoços baratos, fizemos com que trabalhassem por horas, demos a elas lanches grátis e, principalmente, deixamos que fizessem suas próprias coisas. O resultado? Mudamos o mundo do investimento estratégico.

Sabíamos desde cedo que um livro sobre trade de opções adicionaria uma nova camada ao nosso modelo de engajamento e seria uma ferramenta poderosa para criar conteúdo financeiro. Há dezoito anos, me tranquei em nossa velha sala de conferências com um de nossos cofundadores e tentamos escrever um livro. Contratamos um escritor profissional, esvaziamos nossas agendas e tornamos o livro uma prioridade. Três dias depois, e uma página e meia feita, demitimos o escritor e desistimos do projeto do livro para salvar nossa amizade e o futuro de nossa empresa. Adiantando para o ano de 2021, lá estava eu, picado pela mosca do livro, mas desta vez eu sabia que não estava à altura da tarefa. Pedi, com toda a gentileza de que sou capaz, que dois de nossos pesquisadores mais jovens e inteligentes ajudassem. Eu disse: "É todo seu." Julia e Anton aceitaram o desafio e acertaram em cheio. Eu realmente acredito que este é o livro mais lógico, informativo e abrangente sobre trade de opções estratégicas já compilado. Os investidores azarados podem se alegrar. Nenhum livro jamais será um Santo Graal de tamanho único para o trade de opções, mas *O Guia do Investidor Azarado para Trade de Opções* é o mais próximo disso que temos.

Tom Sosnoff

Prefácio de Julia Spina

S e as condições forem adequadas, coisas extraordinárias acontecem quando muitas peças isoladas se juntam: moléculas de água se organizam e formam flocos de neve; células se arranjam e criam órgãos; correntes de ar se combinam e causam tornados; grãos de areia se juntam e produzem avalanches; investidores em pânico vendem e induzem colapsos financeiros. Sistemas complexos são compostos por muitas partes que interagem, e a *emergência* acontece quando essas partes se organizam para criar fenômenos coletivos que nenhuma parte é capaz de criar sozinha. Os sistemas complexos podem ser encontrados em quase todas as disciplinas, e a matemática que descreve propriedades emergentes não apenas é fascinante, mas também indica semelhanças fundamentais entre sistemas complexos aparentemente não relacionados. A extinção de uma espécie de mosca devido a uma espécie invasora de sapo não tem nada a ver com os mercados financeiros, mas a dinâmica da população de moscas em colapso ecológico parece quase indistinguível daquela de uma ação em colapso econômico. Muitos físicos são atraídos para as finanças porque os sistemas físicos e financeiros podem ser analisados com ferramentas teóricas, estatísticas e computacionais semelhantes. Foi meu interesse por essas conexões matemáticas que inicialmente me levou às finanças. No entanto, depois de fazer meu primeiro trading no início do crash de 2020, logo aprendi também a importância da intuição financeira, principalmente ao negociar opções.

A intuição do investidor vem da experiência, mas ele pode desenvolver essa intuição com mais eficiência ao complementar o envolvimento do mercado com algumas filosofias básicas de trading. Muitos dos artigos, livros e blogs que li como uma investidora de opções novata ofereciam uma cobertura detalhada da teoria das opções e sua matemática, mas nunca encontrei uma fonte que apresentasse explicitamente os elementos mais essenciais do desenvolvimento prático de estratégia. Sem um sistema de princípios básicos de trading, aplicar a teoria financeira, interpretar e analisar dados e cultivar qualquer senso de intuição de mercado foi um desafio. No entanto, após estabelecer a base de fundamentos de trade de opções, superar a curva de aprendizado de opções tornou-se um processo consideravelmente mais gerenciável. No meu caso, essa base se desenvolveu a partir de conversas com colegas na tastytrade (debates com Anton Kulikov foram a maioria), da observação frequente de mercados de opções, do uso de dados e da teoria de opções para elaborar estratégias viáveis e de muita tentativa e erro. Meu objetivo ao escrever este livro é ajudar novos investidores a desenvolverem sua própria intuição de forma mais eficaz, destrinchando as filosofias que fundamentaram a minha, começando com um pouco de matemática e teoria de mercado e construindo a partir daí. Nada substitui a experiência, por isso o primeiro trade de opções dos investidores provavelmente os ensinará mais do que qualquer livro. No entanto, espero que essa estrutura que Anton e eu organizamos permita que novos investidores entrem no mercado de opções com confiança e obtenham valor significativo de suas primeiras experiências de trading, tanto em sentido monetário quanto educacional.

Julia Spina

Agradecimentos

Este mundo é cheio de incertezas, mas tenho certeza de que este projeto teria sido um desastre sem o trabalho duro de algumas pessoas muito talentosas. Primeiro e mais importante, este livro não seria possível sem Tom Sosnoff. Foi ele quem propôs o projeto e apoiou sem reservas meu trabalho e minhas opiniões ao longo desse processo. Ele é um ótimo chefe e sempre sabe recomendar restaurantes incríveis. A editora principal, Erika Cohen, não apenas foi altamente competente, mas também maravilhosa de se trabalhar. Envolvida desde o início, ela teve um papel enorme na organização de nossas ideias, e seus insights melhoraram muito a legibilidade e acessibilidade do material. Eu desejo o melhor para ela e sua família. O editor técnico, Jacob Perlman, também foi essencial no desenvolvimento do livro. Seu trabalho na tastytrade anos atrás lançou as bases para muitas das ideias apresentadas neste livro e continua a inspirar os investidores de varejo até hoje. Sua expertise matemática melhorou a precisão e a apresentação dos conceitos técnicos abordados, e eu só posso exaltar suas habilidades.

Na frente editorial, Jeff Joseph foi fundamental para transformar nossa série de rascunhos em um livro propriamente dito. Ele foi incrivelmente prestativo ao organizar a logística do processo de publicação, oferecendo conselhos criativos e estabelecendo nosso relacionamento com a Wiley. Este livro não seria possível sem toda a equipe editorial altamente qualificada da Wiley, cujo empenho nesta obra foi excepcional. Muitas pessoas contribuíram para o projeto ao longo do processo, mas aqueles com quem trabalhei mais de perto incluem Bill Falloon, Purvi Patel, Manikandan Kuppan, Susan Cerra e Samantha Wu. Também gostaria de agradecer a contribuição artística de Cassie Scroggins, que fez um trabalho fantástico no design da capa.

Também sou grata pelos conselhos de conteúdo de Thomas Preston, que nunca se esquivou de meus muitos telefonemas, e pelos conselhos de escrita de Vonetta Logan. Convém ressaltar que todos na tastytrade, principalmente a equipe de pesquisa, contribuíram direta ou indiretamente para tornar este livro possível. As ideias apresentadas aqui não foram formuladas do zero, mas sim a partir dos sucessos e fracassos de todos os talentosos criadores de conteúdo da tastytrade ao longo de muitos anos de colaboração.

Julia Spina

Sobre os Autores

Julia Spina é membro da equipe de pesquisa e coapresentadora do podcast da tastytrade, onde trabalha como educadora financeira e estrategista de opções. Com base em sua formação em física e experiência com processamento de sinais e análise de dados, Julia apresenta aos espectadores tópicos em finanças quantitativas e suas aplicações no desenvolvimento de estratégias de opções. Antes de fazer a transição para finanças, Julia trabalhou como cientista de pesquisa em medicina regenerativa e, em seguida, frequentou a Universidade de Illinois em Urbana-Champaign, em 2015. Lá, ela se formou em engenharia física (2017) e matemática aplicada (2017) e conseguiu um mestrado em física (2018). Seu foco de pesquisa ao longo dos estudos de graduação e pós-graduação foi a óptica quântica experimental, e seus principais projetos incluíram a investigação dos efeitos da medição em sistemas quânticos ópticos e o uso de fontes de fóton único para determinar os limites inferiores da visão e percepção humana.

    Anton Kulikov é membro da equipe de pesquisa, coapresentador do podcast da tastytrade e colunista da revista de estilo de vida financeiro *Luckbox*. Com experiência em finanças, ciência de dados e educação, ele passou os últimos quatro anos desenvolvendo estratégias inovadoras para o mercado de opções de varejo e educando investidores em teoria econômica fundamental no programa. Anton frequentou a Universidade de Illinois em Urbana-Champaign, onde se formou em finanças (2018) e economia (2018), e trabalhou no Margolis Market Information Lab. Durante seu período na Universidade de Illinois, Anton desenvolveu cursos sobre derivativos e mercado de capitais e ministrou aulas e workshops sobre software financeiro na Gies College of Business.

Tom Sosnoff é um inovador em corretagem online, educador financeiro e fundador e coCEO da tastytrade. Tom é um empreendedor serial que cofundou a thinkorswim em 1999, a tastytrade em 2011, a tastyworks em 2017, ajudou a lançar a premiada revista *Luckbox* em 2019, e em 2020 criou a primeira nova bolsa de futuros em vinte anos, The Small Exchange. Com mais de vinte anos de experiência como formador de mercado CBOE, Tom é movido pela paixão por educar investidores autônomos. Após seus anos no pregão, ele viu a necessidade de construir e projetar plataformas de software superiores e corretoras especializadas em estratégias financeiras complexas. Seus esforços acabaram mudando a maneira como as opções e os futuros são negociados e como a mídia financeira digital é produzida e consumida. Atualmente, Tom apresenta o *tastytrade LIVE* e continua a impulsionar a inovação e o know-how para o investidor "faça você mesmo". Tom foi nomeado para as listas Tech 10 da *Techweek's*, Tech 50 da *Crain's Chicago Business's* e palestrou em mais de quinhentos eventos no mundo todo. Recebeu o Prêmio de Empreendedor do Ano da Ernst & Young e tem sido destaque em publicações proeminentes, como *The Wall Street Journal, Investor's Business Daily, Chicago Tribune, Crain's Chicago Business, Traders Magazine* e *Barron's*.

Introdução: Por que Negociar Opções?

A *casa sempre ganha.* Essa citação de advertência certamente é verdadeira, mas não conta toda a história. Dos limites da mesa às probabilidades de ganho, todos os jogos em um cassino são projetados para dar à casa uma vantagem estatística. O cassino pode ter perdas grandes e infrequentes nas máquinas caça-níqueis ou perdas pequenas e frequentes na mesa de blackjack, mas desde que os clientes joguem o suficiente, a casa inevitavelmente terá lucro. Os cassinos há muito confiam nesse princípio como base de seu modelo de trades: as pessoas podem ou apostar *contra* a casa e esperar que a sorte esteja a seu favor ou *ser* a casa e ter a probabilidade ao seu lado.

Ao contrário dos cassinos, onde as probabilidades são estabelecidas contra os jogadores, os mercados financeiros líquidos oferecem um campo de jogo dinâmico e nivelado, com mais espaço para criar estratégias. No entanto, assim como nos cassinos, um investidor de sucesso não depende da sorte. Em vez disso, o sucesso em longo prazo dos investidores depende de sua capacidade de obter uma vantagem estatística consistente das ferramentas, estratégias e informações disponíveis a eles. Os mercados de hoje estão se tornando cada vez mais acessíveis à pessoa comum, já que plataformas de trade online e sem corretagem basicamente se tornaram padrão na indústria. Os investidores têm acesso a uma seleção quase ilimitada de estratégia, e as opções desempenham um papel interessante nesse desenvolvimento. Uma opção é um tipo de contrato financeiro que dá ao seu portador o direito de comprar ou vender um ativo em alguma data futura ou antes, um conceito que será mais bem explicado no capítulo seguinte. As opções têm perfis de risco-retorno ajustáveis, permitindo que os investidores selecionem com segurança a probabilidade de lucro, perda máxima e lucro máximo de uma posição e potencialmente lucrem em qualquer tipo de mercado (de alta, baixa ou neutra). Esses instrumentos altamente versáteis podem ser usados para cobrir o risco e diversificar um portfólio, *ou* as opções podem ser estruturadas para dar uma vantagem probabilística aos investidores mais tolerantes ao risco.

Além de serem personalizáveis de acordo com as preferências específicas de risco-retorno, as opções também são negociáveis com contas de praticamente qualquer tamanho, porque são instrumentos *alavancáveis.* No mundo das opções, a alavancagem se refere à capacidade de ganhar ou perder mais do que o investimento inicial em um trade. Um investidor pode pagar US$100 por uma opção e conseguir US$200 ao final do trade, ou pode conseguir US$100 ao vender uma opção e perder US$200 ao final do trade. A alavancagem pode parecer pouco atraente devido a sua associação com o risco, mas não é inerentemente perigosa. Quando *mal utilizada,* ela pode facilmente causar estragos financeiros. No entanto, quando usada com responsabilidade, a eficiência de capital da alavancagem é uma ferramenta poderosa que permite aos investidores alcançarem a mesma exposição risco-retorno que uma posição de ação com capital significativamente menor.

Não há almoço grátis no mercado. Um instrumento alavancado que tem 70% de chance de lucro deve vir com algum trade-off de risco, que pode até ser indefinido em alguns casos. É por isso que o princípio central do trade de opções sustentável é o gerenciamento de risco. Assim como os cassinos controlam o tamanho dos pagamentos de prêmio limitando o valor máximo que um jogador pode apostar, os negociadores de opções devem controlar sua exposição a suas perdas potenciais de posições alavancadas limitando o tamanho da posição. E assim como os cassinos diversificam o risco em diferentes jogos com diferentes probabilidades, a diversificação estratégica é essencial para o sucesso em longo prazo de uma carteira de opções.

Além do risco potencial negativo de opções, outros fatores podem torná-las pouco atraentes para os investidores. Ao contrário das ações, que são instrumentos passivos, as opções exigem uma abordagem de trading mais ativa, devido à sua natureza volátil e sua suscetibilidade ao tempo. Dependendo da escolha de estratégias, as carteiras de opções devem ser monitoradas diariamente ou até uma vez a cada duas semanas. O trade de opções também é uma curva de aprendizado bastante íngreme e requer uma base maior de conhecimento matemático em comparação com as ações. Embora a matemática das opções possa facilmente se tornar complicada e onerosa, para o tipo de trade de opções abordado neste livro, as decisões geralmente podem ser feitas com uma seleção de indicadores e cálculos estimativos e intuitivos.

A meta deste livro é ensinar os investidores a tomarem as decisões personalizadas e informadas que melhor se alinhem com seus objetivos de lucro e tolerância a risco pessoais. Usando estatísticas e backtests, este livro contextualiza o risco negativo das opções, explora a capacidade estratégica desses contratos e enfatiza as principais técnicas de gerenciamento de risco na montagem de uma carteira de opções resiliente. Para introduzir esses conceitos de maneira direta, este livro começa com uma discussão sobre os fundamentos matemáticos e financeiros do trade de opções quantitativo (Capítulo 1), seguido de uma explanação intuitiva da volatilidade implícita (Capítulo 2) e trading de prêmio vendido (Capítulo 3). Com esses conceitos fundamentais cobertos, o livro então passa para o trading na prática, começando com a redução do poder de compra e alavancagem de opções (Capítulo 4), seguido pela construção do trade (Capítulo 5) e pela gestão de trade (Capítulo 6). O Capítulo 7 cobre tópicos essenciais no gerenciamento de carteira, e o Capítulo 8 aborda tópicos suplementares sobre o gerenciamento avançado de carteira. O Capítulo 9 fornece um breve comentário sobre tradings atípicos (Eventos Binários). O livro é concluído com um capítulo final de pontos fundamentais (Capítulo 10) e um apêndice sobre tópicos matemáticos.

Capítulo 1

Introdução à Matemática e às Finanças

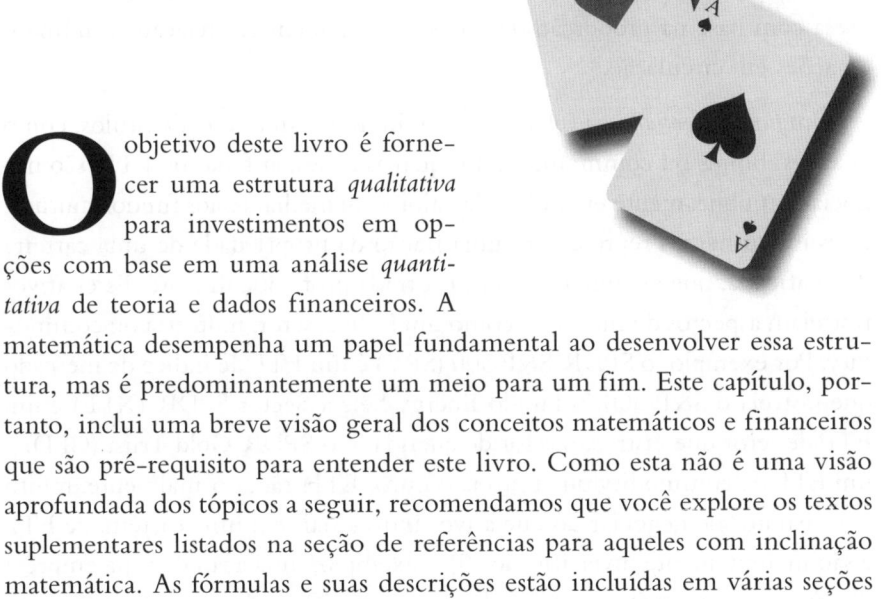

O objetivo deste livro é fornecer uma estrutura *qualitativa* para investimentos em opções com base em uma análise *quantitativa* de teoria e dados financeiros. A matemática desempenha um papel fundamental ao desenvolver essa estrutura, mas é predominantemente um meio para um fim. Este capítulo, portanto, inclui uma breve visão geral dos conceitos matemáticos e financeiros que são pré-requisito para entender este livro. Como esta não é uma visão aprofundada dos tópicos a seguir, recomendamos que você explore os textos suplementares listados na seção de referências para aqueles com inclinação matemática. As fórmulas e suas descrições estão incluídas em várias seções para referência, mas não são necessárias para o restante do livro.

Ações, Fundos Negociados em Bolsas e Opções

De swaptions a tokens não fungíveis (NFTs), novos instrumentos e oportunidades surgem frequentemente à medida que os mercados evoluem. Quando este livro chegar às lojas, o cenário financeiro e os instrumentos que o ocupam podem ser muito diferentes de quando ele foi escrito. Em vez de se concentrar em uma ampla gama de instrumentos, este livro discute conceitos fundamentais de negociação (trade ou trading), usando uma pequena seleção de classes de ativos (ações, fundos negociados em bolsas e opções) para formular exemplos.

Uma *ação* é um título que representa uma fração da propriedade de uma corporação. As ações normalmente são emitidas pela corporação como fonte de financiamento, e esses instrumentos em geral são negociados publicamente em bolsas de valores, como a New York Stock Exchange (NYSE) e a Nasdaq. Os acionistas têm direito a uma fração dos ativos e lucros da empresa com base na proporção de ações que possuem em relação ao número de ações em circulação.

Um *fundo negociado em bolsa* (ETF, em inglês) é uma cesta de títulos, como as ações, bonds ou commodities. Tal qual as ações, as fatias de ETFs são negociadas publicamente em bolsas de valores. Semelhante aos fundos mútuos, esses instrumentos representam uma fração da propriedade de uma carteira diversificada, que geralmente é administrada profissionalmente. Esses ativos rastreiam aspectos do mercado, como um índice, setor, indústria ou commodity. Por exemplo, o SPDR S&P 500 (SPY) é um ETF de índice de mercado que rastreia o S&P 500, o Fundo Energy Select Sector SPDR (XLE) é um ETF de setor que rastreia o setor de energia, e o SPDR Gold Trust (GLD) é um ETF de commodity que rastreia o ouro. ETFs são, normalmente, muito mais baratos de negociar do que ativos individuais em uma carteira de ETF e são inerentemente diversificados. Por exemplo, uma ação de uma empresa de energia está sujeita a fatores de risco específicos da empresa, enquanto uma parte de um ETF de energia é diversificada em várias empresas do setor.

Ao avaliar a dinâmica de preços de uma ação ou ETF e comparar a dinâmica de diferentes ativos, é comum converter informações de preços em retornos. O retorno de uma ação é o quanto o preço dela aumentou ou diminuiu como uma proporção de seu valor, em vez de uma quantia em dólar. Os retornos podem ser dimensionados em qualquer período (diário, mensal ou anualmente), com cálculos que normalmente exigem retornos diários. Os dois tipos mais comuns de retorno são o retorno simples, representado como uma porcentagem e calculado usando a Equação (1.1), e o log-retorno, calculado usando a Equação (1.2). A definição matemática e as propriedades do logaritmo são abordadas no apêndice, para os interessados, mas essa informação não é necessária para acompanhar o resto do livro.

$$\text{Retorno Simples} = R_t = \frac{S_t - S_{t-1}}{S_{t-1}} \qquad (1.1)$$

$$\text{Log-Retorno} = R_t = \ln\left(\frac{S_t}{S_{t-1}}\right) \qquad (1.2)$$

Nas equações, S_t é o preço do ativo no dia t, e S_{t-1}, o preço do ativo no dia anterior. Por exemplo, um ativo cujo preço é US\$100 no dia 1 e US\$101 no dia 2 tem um retorno diário simples de 0,01 (1%) e um log-retorno de 0,00995. Os dois tipos de retorno têm características matemáticas diferentes (por exemplo, os log-retornos são aditivos ao longo do tempo), que impactam análises quantitativas mais avançadas. No entanto, esses fatores não são relevantes para o propósito deste livro, porque a diferença entre os log-retornos e os retornos simples é bastante insignificante quando se trabalha em escalas de tempo diárias. Retornos simples diários são usados para todos os cálculos de retornos mostrados.

Uma *opção* é um tipo de derivado financeiro, o que significa que seu preço é baseado no valor de um ativo-objeto. Os contratos de opções ou são negociados em bolsas públicas (opções negociadas em bolsa) ou privadamente, com pouca supervisão regulatória (opções de balcão — OTC). Como as opções OTC não são padronizadas e, geralmente, são inacessíveis para investidores de varejo, apenas as opções negociadas em bolsa serão discutidas neste livro.

Uma opção dá ao seu detentor o direito (mas não a obrigação) de comprar ou vender alguma quantidade de um ativo-objeto, como uma ação ou ETF, a um preço predeterminado em uma data futura ou antes dela. Os dois estilos mais comuns de opção são a americana e a europeia. As opções americanas podem ser exercidas a qualquer momento antes de vencerem, e as europeias, só na data de vencimento.[1] Como as opções americanas são geralmente mais populares que as europeias e oferecem mais flexibilidade, este livro se concentra nelas.

Os tipos mais básicos de opções são as de compra (call) e as de venda (put). As de *compra* americanas dão ao detentor o direito de *comprar* o ativo-objeto a um determinado preço dentro de um determinado período, e as de *venda* americanas dão ao detentor o direito de *vender* o ativo-objeto. Os parâmetros do contrato devem ser especificados antes da abertura do trading e estão listados a seguir:

- O ativo-objeto negociado ao preço à vista ou o preço atual por ação (S).
- O número de ações subjacentes. Normalmente, uma opção cobre cem ações, conhecido como um lote.
- O preço pelo qual as ações subjacentes podem ser compradas ou vendidas antes do vencimento. Esse preço é chamado de preço de exercício (K).
- A data de vencimento, após a qual o contrato é inútil. O tempo entre a data presente e a de expiração é a duração do contrato ou os dias até o vencimento (DTE, em inglês).

Repare que o preço de uma opção é comumente indicado como C para calls (ou compra), P para puts (ou venda) e V se o tipo de contrato não foi especificado. Traders de opções podem comprar ou vender esses contratos, e as condições de lucratividade diferem, dependendo da escolha da posição. O comprador do contrato paga o prêmio da opção (preço de mercado atual da opção) para assumir a posição *comprada* (long, ou longa). Isso também é conhecido como operar comprado. O vendedor do contrato recebe o prêmio da opção para assumir a posição *vendida* (short, ou curta), dessa forma, operando vendido. A escolha da estratégia corresponde ao pressuposto direcional do negociador. Para calls e puts, o pressuposto direcional é de alta, assumindo que o preço do ativo-objeto aumentará, ou de baixa, assumindo que o preço do ativo-objeto diminuirá. As premissas direcionais e os cenários de rentabilidade para esses contratos estão resumidos na tabela a seguir.

---

1   Em mercados líquidos, que serão discutidos no Capítulo 5, as opções americana e europeias são muito semelhantes matematicamente.

Tabela 1.1 As definições, condições de lucratividade e premissas direcionais para call/puts compradas/vendidas.

	Compra (Call)	Venda (Put)
Comprado	Compra do direito de adquirir um ativo-objeto (S) ao preço de exercício (K) antes da data de vencimento.	Compra do direito de vender um ativo-objeto (S) ao preço de exercício (K) antes da data de vencimento.
	Os lucros aumentam à medida que o preço do ativo-objeto aumenta acima do preço de exercício (S > K).	Os lucros aumentam à medida que o preço do ativo-objeto diminui abaixo do preço de exercício (S < K).
	Premissa direcional: Alta	Premissa direcional: Baixa
Vendido	Venda do direito de adquirir de um ativo-objeto (S) ao preço de exercício (K) antes da data de vencimento.	Venda do direito de vender um ativo-objeto (S) ao preço de exercício (K) antes da data de vencimento.
	Os lucros aumentam à medida que o preço do ativo-objeto diminui abaixo do preço de exercício (S < K).	Os lucros aumentam à medida que o preço do ativo-objeto aumenta acima do preço de exercício (S > K).
	Premissa direcional: Baixa	Premissa direcional: Alta

A relação entre o preço de exercício (strike price) e o preço atual do ativo-objeto determina o *valor monetário* da posição. Isso é o equivalente ao *valor intrínseco* de uma posição, ou o valor do contrato se fosse exercido imediatamente. Contratos podem ser descritos como um dos seguintes, observando que as opções não devem ter valor intrínseco:

- In-the-money (ITM): o contrato seria lucrativo se fosse exercido imediatamente e, portanto, tem valor intrínseco.
- Out-of-the-money (OTM): o contrato resultaria em prejuízo se fosse exercido imediatamente e, portanto, não tem valor intrínseco.
- At-the-money (ATM): o contrato tem um preço de exercício igual ao preço do ativo-objeto e, portanto, não tem valor intrínseco.

O valor intrínseco de uma posição é baseado inteiramente no tipo de posição e na escolha do preço de exercício em relação ao preço do ativo-objeto:

- Opções de compra (call)

  - Valor intrínseco = ou $S - K$ (preço da ação – preço de exercício) ou 0
  - ITM: $S > K$
  - OTM: $S < K$
  - ATM: $S = K$

- Opções de venda (put)

  - Valor intrínseco = Ou $K - S$ ou 0
  - ITM: $S < K$
  - OTM: $S > K$
  - ATM: $S = K$

Por exemplo, pense em um contrato de venda de 45 DTE (45 dias até o vencimento) com um preço de exercício de US$100:

- Cenário 1 (ITM): o preço do ativo-objeto é US$95. Nesse caso, o valor intrínseco do contrato de venda (put) é de US$5 por ação.
- Cenário 2 (OTM): o preço do ativo-objeto é US$105. Nesse caso, o contrato de venda (put) não tem valor intrínseco.
- Cenário 3 (ATM): o preço do ativo-objeto é US$100. Nesse caso, a venda (put) também é considerada sem valor intrínseco.

O valor de uma opção também depende de fatores especulativos, impulsionados pela oferta e demanda. O valor *extrínseco* da opção é a diferença entre o preço de mercado atual dela e seu valor intrínseco. Novamente, pense em um contrato de venda (put) de 45 DTE, com um preço de exercício de US$100 em um ativo-objeto com um preço atual por ação de US$105. Suponha que, graças a um período recente de turbulência no mercado, os investidores temam que o preço do ativo-objeto caia nos próximos 45 dias e crie uma demanda por esses contratos de puts OTM. O aumento na demanda infla o preço do contrato de put para US$10 por ação. Portanto, como o contrato de put não tem valor intrínseco, mas tem um preço de mercado de US$10, o valor extrínseco dele é de US$10 por ação. Se, em vez disso, o preço do ativo-objeto for de US$95 e o de put ITM continuar US$10 por ação, o contrato terá um valor intrínseco de US$5 e extrínseco de US$5.

A rentabilidade de uma opção depende, em última análise, de fatores intrínsecos e extrínsecos e é calculada como a diferença entre o valor intrínseco de uma opção e o custo do contrato. Matematicamente, as estimativas de perdas e lucros (P/L) para opções de call e put compradas em exercício são dadas pelas seguintes equações:[2]

$$P/L \text{ da call comprada} = max(0, S - K) - C \qquad (1.3)$$

$$P/L \text{ da put comprada} = max(0, K - S) - P \qquad (1.4)$$

Nelas, a função max simplesmente gera o maior dos dois valores. Por exemplo, $max(0, 1)$ é igual a 1, enquanto $max(0, -1)$ é igual a 0. As P/Ls para os lados vendidos correspondentes são meramente as Equações (1.3) e (1.4) multiplicadas por -1. A seguir, há um exemplo de trading que aplica a fórmula de lucro de uma call comprada.

Exemplo de trading: uma call com 45 DTE de duração é negociada para um ativo-objeto que está cotado, atualmente, em US$100 ($S$). O preço de exercício é de US$105 ($K$), e a call comprada está atualmente avaliada em US$100 por lote (US$1 por ação).

- Cenário 1: o ativo-objeto aumenta para US$105 até a data do vencimento.
  - P/L da call comprada: 100 ações · ((US$105 - US$105) - US$1) = -US$100;
  - P/L da call vendida: +US$100.
- Cenário 2: o ativo-objeto aumenta para US$110 até a data do vencimento.
  - P/L da call comprada: 100 ações· ((US$110 - US$105) - US$1) = +US$400.
  - P/L da call vendida P/L: -US$400.
- Cenário 3: o ativo-objeto diminui para US$95 até a data de vencimento.
  - P/L da call comprada: 100 ações · (US$0 - US$1) = -US$100;
  - P/L da call vendida: +US$100.

---

2   O valor futuro da opção deve ser usado, mas para simplificar, há a aproximação do valor futuro como o preço atual da opção. O valor futuro do prêmio da opção é o valor atual da opção multiplicado pelo fator de taxa de juros ajustado pelo tempo.

O investidor que adota a posição comprada paga antecipadamente ao vendedor o prêmio da opção e lucra quando o valor intrínseco excede o preço do contrato. O investidor que vende lucra quando o valor intrínseco permanece abaixo do preço do contrato, especialmente quando a posição expira sem valor (intrínseco). O valor extrínseco de uma opção normalmente diminui durante o contrato, à medida que a incerteza em torno do preço do ativo-objeto e do potencial de lucro da opção diminui. Quando a posição se aproxima do vencimento, o preço dela converge para seu valor intrínseco.

Claramente, o preço das opções desempenha um papel importante no trade de opções. Para desenvolver uma compreensão intuitiva sobre como as opções são precificadas, é essencial entender as premissas matemáticas em torno da eficiência de mercado e das dinâmicas de preço.

A Hipótese da Eficiência de Mercado

Os investidores devem fazer uma série de suposições antes de fazer um trading. Investidores de opções devem fazer suposições direcionais sobre o preço do ativo-objeto em um determinado período: baixa (expectativa de queda de preços), alta (expectativa de alta de preços), ou neutra (expectativa de o preço permanecer relativamente inalterado). Os investidores de opções também devem fazer suposições sobre o valor atual de uma opção. Se os contratos de opções são percebidos como supervalorizados, as posições compradas são menos propensas a lucrar. Se os contratos de opções são percebidos como subvalorizados, as posições vendidas são menos propensas a lucrar. Essas suposições sobre a dinâmica dos preços dos ativos-objetos e de opções são uma escolha pessoal, mas os comerciantes podem formular suposições consistentes referindo-se à hipótese do mercado eficiente (EMH, em inglês). A EMH afirma que os instrumentos são negociados a um preço justo, e o preço atual de um ativo reflete certa quantidade de informação disponível. A hipótese vem de 3 formas:

1. EMH fraca: os preços atuais refletem todas as informações dos preços anteriores.
2. EMH semiforte: os preços atuais refletem todas as informações disponíveis publicamente.
3. EMH forte: os preços atuais refletem todas as informações possíveis.

Nenhuma variação de EMH é aceita ou rejeitada universalmente. A forma que um investidor assume é subjetiva e os métodos de análise de mercado disponíveis são limitados, dependendo dessa escolha. Os proponentes da EMH forte postulam que os investidores se beneficiam ao investir em fundos de índice passivo de baixo custo, porque o mercado é imbatível. Os oponentes acreditam que o mercado pode ser derrotado ao ter suas ineficiências exploradas. Os investidores que aceitam a EMH fraca acreditam que análises técnicas (que usam tendências de preços passadas para prever tendências de preços futuras) são inválidas, mas análises fundamentais (que usam dados econômicos relacionados para prever tendências de preços futuras) ainda são viáveis. Os investidores que aceitam a EMH semiforte assumem que a análise fundamental não produziria sucesso sistemático, mas que o trading de acordo com informações privadas o faria. Os investidores que aceitam a EMH forte sustentam que mesmo o uso de informações privilegiadas não resulta em sucesso consistente e que nenhuma ineficiência de mercado explorável está disponível para qualquer um.

Este livro se concentra em mercados altamente líquidos, e as ineficiências são consideradas mínimas. Mais especificamente, este livro adota uma forma semiforte de EMH. Em vez de construir carteiras de acordo com previsões de tendências de preços futuros, o propósito deste texto é demonstrar como negociar opções de acordo com as condições atuais de mercado, e as premissas de *volatilidade* direcional (em vez de premissas de preço) permitiram que os vendedores de opções superassem consistentemente o mercado.

Essa "vantagem" não é o resultado de alguma ineficiência inerente de mercado, mas uma compensação de risco. Lembre-se do exemplo da call comprada da seção anterior. Repare que há mais cenários nos quais o investidor vendido lucra, em comparação com o investidor comprado. Geralmente, as posições de prêmio vendidas são mais propensas a gerar lucro em comparação com as posições de prêmio compradas. Isso ocorre porque assume-se que as opções são precificadas de forma eficiente e dimensionadas de acordo com o risco percebido no mercado, o que significa que as posições compradas só lucram quando o ativo-objeto tem grandes movimentos direcionais para fora das expectativas. Como esses tipos de eventos são incomuns, os contratos de opções não são utilizados na maior parte do tempo, e as posições de prêmio vendidas lucram com mais frequência do que as compradas. No entanto, quando esses grandes e inesperados movimentos *ocorrem*, as posições de prêmio vendidas estão sujeitas a enormes perdas potenciais. Os perfis de risco para opções são complexos, mas podem ser representados intuitivamente com distribuições de probabilidade.

Distribuições de Probabilidade

Para entender melhor os perfis de risco de opções vendidas, este livro utiliza conceitos básicos da teoria da probabilidade, especificamente variáveis aleatórias e distribuições de probabilidade. Variáveis aleatórias são substitutos formais para quantidades incertas. A distribuição de probabilidade de uma variável aleatória descreve possíveis valores dessa quantidade e a probabilidade de cada valor ocorrer. Geralmente, as distribuições de probabilidade são representadas pelo símbolo P, que pode ser lido como "a probabilidade de". Por exemplo, P (de uma moeda normal dar cara em um jogo de cara ou coroa) $= 1/_2$. Variáveis aleatórias e distribuições de probabilidade são ferramentas para trabalhar com sistemas probabilísticos (ou seja, sistemas com muitos resultados imprevisíveis), tal como preços de ações. Embora os resultados futuros não possam ser previstos com precisão, entender a distribuição de um sistema probabilístico possibilita formar expectativas sobre o futuro, incluindo a incerteza associada a essas expectativas.

Vamos começar com um exemplo de sistema probabilístico simples: rolar um par de dados de 6 lados. Neste caso, se D representa a soma dos dados, então D é uma variável aleatória com 11 valores possíveis entre 2 e 12. Alguns desses resultados são mais prováveis que outros. Como, por exemplo, existem mais maneiras de rolar uma soma de 7 ([1, 6], [2, 5], [3, 4], [4, 3], [5, 2], [6, 1]) do que uma de 10 ([4, 6], [5, 5], [6, 4]), e há probabilidades mais altas de rolar um 7 do que um 10. Observando que há 36 possíveis resultados ([1, 1], [1, 2], [2, 1] etc.) e que cada um é igualmente provável, pode-se usar símbolos para precisar isso melhor:

$$P(D = 7) = {}^6\!/_{36} \approx 16,67\% \text{ enquanto} P(D = 10) = {}^3\!/_{36} \approx 8,33\%$$

A distribuição de D pode ser representada elegantemente usando um histograma. Esse tipo de gráfico exibe a frequência de diferentes resultados, agrupados de acordo com intervalos definidos. Ao trabalhar com dados medidos, os histogramas são usados para estimar a verdadeira distribuição de probabilidade do ativo-objeto de um sistema probabilístico. No exemplo do dado, haverá 11 barras, correspondendo aos 11 possíveis resultados. Esse histograma é mostrado a seguir, na Figura 1.1, preenchido com dados de 100 mil jogadas de dado simuladas.

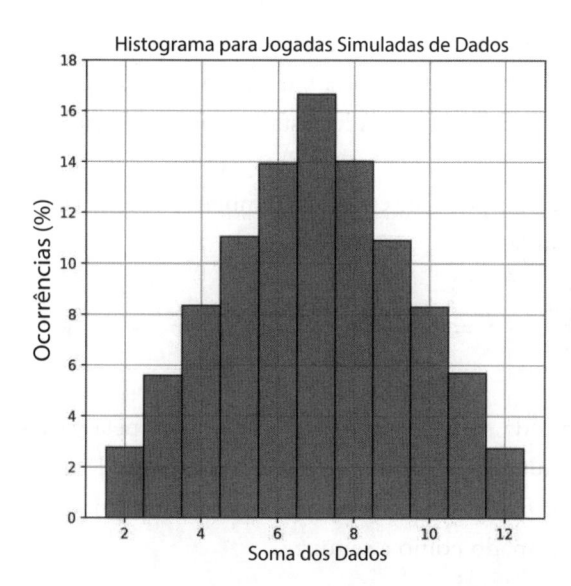

Figura 1.1 Um histograma para 100 mil simulações de rolagem de um par de dados. O diagrama mostra a probabilidade de cada resultado ocorrer, de acordo com essa simulação (por exemplo, a altura da barra que vai de 6,5 a 7,5 está próxima de 17%, indicando que o 7 ocorreu quase 17% das vezes nas 100 mil tentativas).

Distribuições como a mostrada aqui podem ser resumidas usando-se medidas quantitativas chamadas momentos.[3] Os dois primeiros momentos são média e variância.

Média (primeiro momento): representado pela letra grega μ (mu), esse valor descreve a tendência central de uma distribuição. O cálculo é feito somando-se todos os resultados observados $(x_1, x_2, ..., x_n)$ e dividindo pelo número de observações (n):

---

3 Cálculos populacionais são usados para todos os momentos apresentados ao longo deste capítulo.

$$\text{Média} = \mu = \frac{1}{n} \cdot \sum_{i=1}^{n} x_i = \frac{1}{n} \cdot (x_1 + x_2 + x_3 + \cdots + x_n) \qquad (1.5)$$

Para distribuições baseadas em observações estatísticas com um *número suficientemente grande de ocorrências*, a média corresponde ao valor esperado dessa distribuição. O valor esperado para uma variável aleatória é a média ponderada dos resultados e do resultado médio antecipado em tentativas futuras. O valor esperado de uma variável aleatória X, chamado de E[X], pode ser estimado usando-se dados estatísticos e a Equação (1.5), *ou*, caso os resultados únicos (x_1, x_2, ..., x_k) e suas respectivas probabilidades $p_i = P(X = x_i)$ sejam conhecidos, o valor esperado também pode ser calculado usando-se a seguinte fórmula:

$$\text{E}[X] = \sum_{i=1}^{k} x_i \cdot p_i = x_1 \cdot p_1 + x_2 \cdot p_2 + x_3 \cdot p_3 + \cdots + x_k \cdot p_k \qquad (1.6)$$

No exemplo da soma dos dados, representada pela variável aleatória D, os possíveis resultados (2, 3, 4, ..., 12) e a probabilidade de cada um ocorrer (2,78%, 5,56%, 8,33%, ..., 2,78%) são conhecidos, então o valor esperado pode ser determinado como a seguir:

$$\text{E}[D] = 2 \cdot 2.78\% + 3 \cdot 5.56\% + 4 \cdot 8.33\% + \cdots + 12 \cdot 2.78\% = 7$$

A soma média teórica a longo prazo é 7. Portanto, se esse experimento for repetido muitas vezes, a média das observações calculada pela Equação (1.5) deve produzir um resultado próximo a 7.

Variância (segundo momento): essa é a medida da dispersão, ou variação, dos pontos de dados da média da distribuição. O desvio padrão, representado pela letra grega σ (sigma), é a raiz quadrada da variância e é comumente usado como medida de incerteza (equivalentemente, risco ou volatilidade). Distribuições com mais variância são mais amplas e têm mais incertezas em relação aos resultados futuros. A variância é calculada como a seguir:[4]

---

4   Esta é a soma das diferenças quadradas entre cada ponto de dados e da média da distri- buição, normalizada pelo número de pontos de dados no conjunto.

$$\text{Variância} = \sigma^2 = \frac{1}{n} \cdot \sum_{i=1}^{n} (x_i - \mu)^2 \qquad (1.7)$$

Quando uma grande parte dos pontos de dados está dispersa longe da média, a variância de todo o conjunto é grande e a incerteza nas medições desse sistema é significativa. A variância de uma variável aleatória X, chamada de Var(X), também pode ser calculada em termos do valor esperado, E[X]:

$$\text{Var}(X) = E[(X - E[X])^2] = E[X^2] - E[X]^2$$
$$= (x_1^2 \cdot p_1 + x_2^2 \cdot p_2 + x_3^2 \cdot p_3 + \cdots + x_k^2 \cdot p_k)$$
$$- (x_1 \cdot p_1 + x_2 \cdot p_2 + x_3 \cdot p_3 + \cdots + x_k \cdot p_k)^2 \qquad (1.8)$$

Para a variável aleatória da soma dos dados, D, os resultados possíveis (2, 3, 4, ..., 12) e a probabilidade de cada um ocorrer (2,78%, 5,56%, 8,33%, ..., 2,78%) são conhecidos, então a variância desse experimento é a seguinte:

$$\text{Var}(D) = (2^2 \cdot 2,78\% + 3^2 \cdot 5,56\% + 4^2 \cdot 8,33\% + \ldots + 12^2$$
$$\cdot 2,78\%) - (7)^2 \approx 5,84$$

Essa equação indica que a dispersão estatística da distribuição para essa variável aleatória fica em torno de 5,84 e que a incerteza (desvio padrão) é de, aproximadamente, 2,4 (como mostrado na Figura 1.2).

Pode-se comparar essas estimativas teóricas para a média e o desvio padrão do experimento da soma de dados com os valores medidos a partir de dados estatísticos. O primeiro e o segundo momentos calculados na simulação de lançamento de dados estão traçados na Figura 1.2, para comparação.

A obtenção de uma média próxima a 7,0 faz sentido intuitivo, porque 7 é a soma mais provável de ser lançada dentre os resultados possíveis. O desvio padrão indica que a incerteza associada a esse valor esperado é próxima de 2,4. Inferindo a partir da forma da distribuição, que tem a maior parte da massa de probabilidade concentrada perto do centro, pode-se concluir que em qualquer jogada o resultado provavelmente cairá entre 5 e 9.

A distribuição que acabamos de mostrar é simétrica em relação à média, mas as distribuições de probabilidade geralmente são assimétricas. Para quantificar o grau de assimetria de uma distribuição, usamos o terceiro momento.

Assimetria (terceiro momento): a assimetria de uma distribuição pode ser positiva, negativa ou zero e depende de a cauda da média ser maior à direita (assimetria positiva), maior à esquerda (assimetria negativa), ou igual

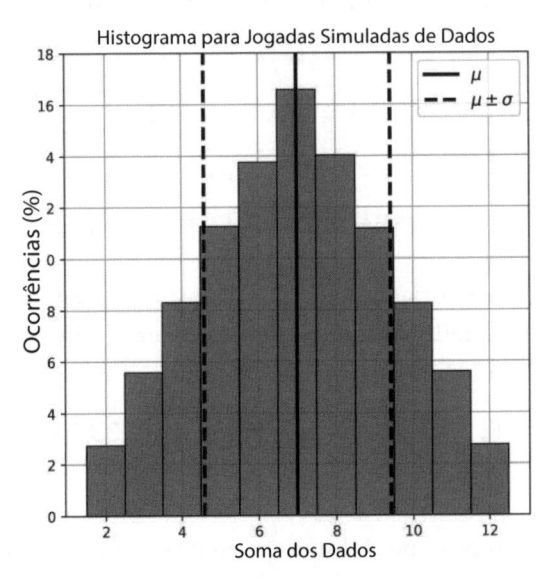

Figura 1.2 Um histograma para 100 mil simulações de rolar os dados. Está incluída a média da distribuição (linha sólida) e o desvio padrão da distribuição nos dois lados da média (linha tracejada), ambos calculando as observações do experimento simulado. A média desta distribuição foi 7,0, e o desvio padrão, 2,4, consistente com as estimativas teóricas.

nos dois lados (zero assimetria). Ao contrário da média e do desvio padrão, que têm unidades definidas pela variável aleatória, a assimetria é um número puro que quantifica o grau de distorção de acordo com a seguinte fórmula:

$$\text{Assimetria} = \frac{1}{n} \cdot \frac{\sum\limits_{i=1}^{n} (x_i - \mu)^3}{\sigma^3} \qquad (1.9)$$

O conceito de assimetria e suas aplicações podem ser mais bem entendidos com uma modificação no exemplo dos dados. Suponha que seja um dado viciado. Vamos ver dois cenários: um par de dados com os números menores viciados (mais provavelmente 2 e 3) e outro com os números maiores viciados (mais provavelmente 4 e 5). As probabilidades de cada número aparecer em cada dado para os diferentes casos são mostradas na Tabela 1.2.

Tabela 1.2 A probabilidade de cada número aparecer em cada dado nos três cenários diferentes, um justo e dois injustos.

		Probabilidade do Número Aparecer em Cada Dado	
Número do Dado	Justo	Injusto (Viciado nos Números Menores)	Injusto (Viciado nos Números Maiores)
1	16,67%	10%	10%
2	16,67%	30%	10%
3	16,67%	30%	10%
4	16,67%	10%	30%
5	16,67%	10%	30%
6	16,67%	10%	10%

Ao rolar um par de dados justos e traçar o histograma de somas possíveis, a distribuição é simétrica sobre a média e tem assimetria zero. No entanto, a distribuição ao rolar o dado injusto é assimétrica, como mostrado nas Figuras 1.3(a) e (b).

A assimetria de uma distribuição é classificada de acordo com onde a maioria da massa da distribuição está concentrada. Lembre-se de que o lado positivo está à direita da média, e o lado negativo, à esquerda. O histograma na Figura 1.3(a) tem uma cauda maior no lado positivo e tem a maior massa concentrada no lado negativo da média: esse é um exemplo de assimetria positiva (assimetria = 0,45). O histograma na Figura 1.3(b) tem uma cauda maior no lado negativo e tem maior massa concentrada no lado positivo da média: esse é um exemplo de assimetria negativa (assimetria = -0,45).

Quando uma distribuição tem assimetria, a interpretação do desvio padrão muda. No exemplo do dado justo, o valor esperado do experimento é $7,0 \pm 2,4$, sugerindo que qualquer ensaio provavelmente terá um resultado entre 5 e 9. Essa é uma interpretação válida, porque a distribuição é simétrica sobre a média e a maior parte da massa de distribuição está concentrada em torno dela. No entanto, pense na distribuição no exemplo injusto, com os números maiores viciados. Essa distribuição tem uma média de 7,8 e um desvio padrão de 2,0, ingenuamente sugerindo que o resultado provavelmente estará entre 6 e 9, com os resultados de ambos os lados sendo igualmente prováveis.

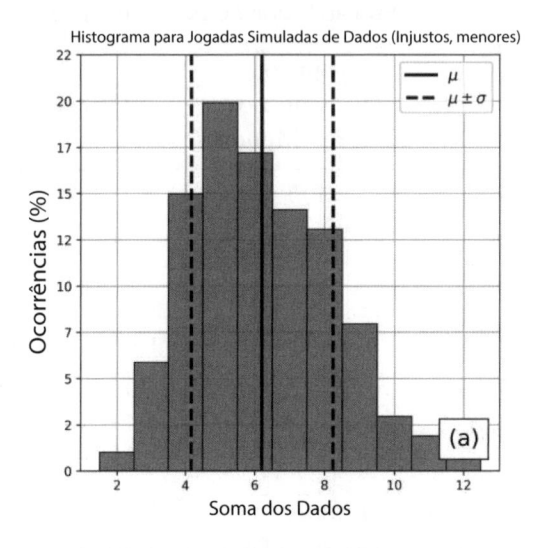

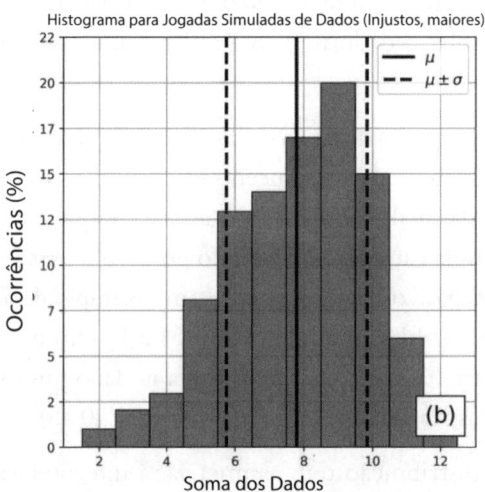

Figura 1.3 (a) Um histograma para 100 mil simulações de rolagem de dados injustos, viciados de forma que números menores (2 e 3) são mais prováveis de aparecer

em cada dado. (b) Um histograma para 100 mil simulações de rolagem de dados injustos, viciados de forma que números maiores (4 e 5) são mais prováveis de aparecer em cada dado.

No entanto, como a maioria das ocorrências se concentra no lado positivo da média (aproximadamente 60% das ocorrências), a incerteza não é simétrica. Esse conceito será discutido com mais detalhes em um capítulo posterior, pois as distribuições de instrumentos financeiros são comumente assimétricas e há ambiguidade na definição de riscos nessas circunstâncias.

Matemáticos e cientistas encontraram algumas distribuições de probabilidade repetidamente em teorias e aplicações. Essas distribuições, por sua vez, receberam muito estudo. Assumir que a distribuição subjacente de um experimento se assemelha a uma forma bem conhecida pode, muitas vezes, simplificar bastante a análise estatística. A distribuição normal (também conhecida como distribuição de Gauss, gaussiana ou curva de sino) é, sem dúvida, uma das distribuições de probabilidade mais conhecidas e fundamentais em finanças quantitativas. Ela descreve inúmeros sistemas diferentes no mundo real por causa de um resultado conhecido como teorema do limite central. Esse teorema reza, grosso modo, que se uma variável aleatória é feita pela soma de muitas peças aleatórias independentes, então, não importando quais sejam essas peças, o resultado será distribuído normalmente. Por exemplo, a distribuição no exemplo de dois dados é bastante não normal, sendo relativamente triangular e sem caudas. Se considerarmos a soma de mais e mais dados, cada um sendo uma variável aleatória independente, a distribuição gradualmente assumirá a forma de um sino. Isso é mostrado na Figura 1.4.

A distribuição normal é simétrica e em forma de sino, o que significa que eventos equidistantes em ambos os lados do centro são igualmente prováveis e a assimetria é zero. A distribuição é centrada em torno da média, e os resultados mais distantes dela são menos prováveis. A distribuição normal tem a propriedade intrigante de que quase 68% das ocorrências estão dentro de $\pm 1\sigma$ da média, 95% das ocorrências estão dentro de $\pm 2\sigma$ da média, e 99,7% das ocorrências estão dentro de $\pm 3\sigma$ da média. A Figura 1.5 traça uma distribuição normal.

Essas probabilidades podem ser usadas para contextualizar aproximadamente distribuições com geometria semelhante. Por exemplo, no modelo do par de dados justos, o valor esperado do experimento foi 7,0, e o desvio padrão, 2,4. Com a premissa de normalidade, pode-se inferir que há cerca de 68% de chance de os resultados futuros ficarem entre 5 e 9. A probabilidade verdadeira é de 66,67% para essa variável aleatória, indicando que a suposição de normalidade não é exatamente correta, mas pode ser usada para fins de aproximação. À medida que mais dados são adicionados ao exemplo, essa aproximação se torna cada vez mais precisa.

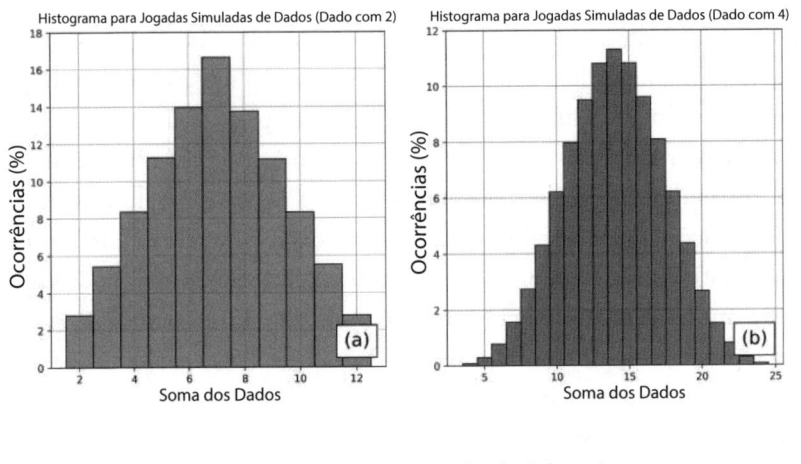

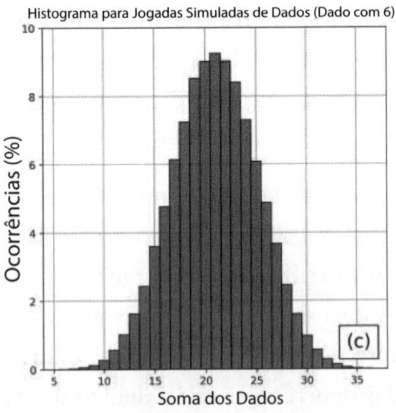

Figura 1.4 Um histograma para 100 mil simulações de rolagem de um grupo de dados justos de 6 lados com os números (a) 2, (b) 4 ou (c) 6.

Compreender as estatísticas de distribuição e as propriedades da distribuição normal é incrivelmente útil em finanças quantitativas. O retorno esperado de uma ação, normalmente, é estimado pelo retorno médio, e o risco histórico é estimado com o desvio padrão de retornos (volatilidade histórica). O log-retorno de ações também é, em geral, considerado como distribuído normalmente, embora isso seja apenas uma verdade aproximada,

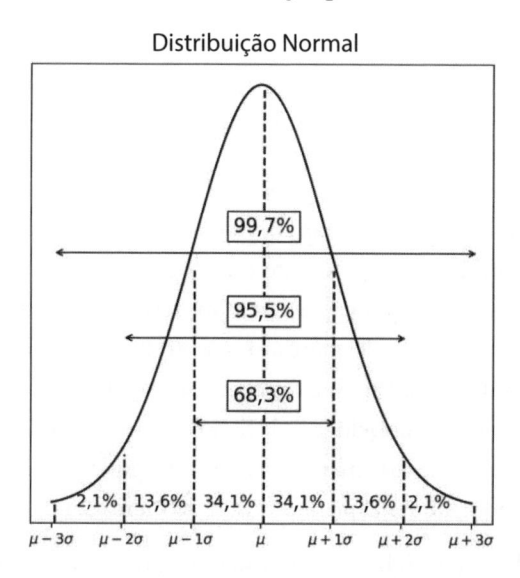

Figura 1.5 Um gráfico detalhado da distribuição normal e das probabilidades correspondentes em cada marca de desvio padrão.

porque a maioria esmagadora das ações e ETFs tem distribuições de retornos assimétricas.[5] Independentemente disso, essa estimativa de normalidade fornece uma estrutura quantitativa para expectativas em torno de momentos de preços futuros. Essa aproximação também simplifica modelos matemáticos de dinâmica de preços e precificação de opções, sendo o mais notável a fórmula de Black-Scholes.

---

5   A assimetria de retornos de distribuição também é usada para estimar o risco direcional de um ativo. O quarto momento (curtose) quantifica o quão pesadas são as caudas de uma distribuição de retornos e é comumente usado para estimar o risco atípico de um ativo.

A Fórmula de Black-Scholes

A fórmula de Black-Scholes de precificação de opções revolucionou os mercados de opções quando foi publicada, em 1973. Ela forneceu a primeira estrutura quantitativa popular para estimar o preço justo de uma opção de acordo com os parâmetros do contrato e características do ativo-objeto. Essa fórmula modela a evolução do preço de uma opção de estilo europeu (uma opção que só pode ser exercida no vencimento) dentro do contexto do mercado financeiro mais amplo. A fórmula de Black-Scholes correspondente usa essa equação para estimar o preço teórico da opção de acordo com seus parâmetros.

É importante reparar que a proposta desta seção sobre Black-Scholes não é elucidar a matemática subjacente do modelo, que pode ser bastante complicada. A saída do modelo é meramente um valor teórico para o preço justo de uma opção. Na prática, o preço de uma opção normalmente se desvia desse valor devido à especulação de mercado e à oferta e demanda, que o modelo não leva em consideração. Em vez disso, é essencial ter pelo menos uma compreensão superficial do modelo Black-Scholes para entender (1) as premissas fundamentais dos mercados financeiros e (2) de onde vem a volatilidade implícita (um indicador de percepção de risco de mercado).

A fórmula de Black-Scholes é baseada em um conjunto de premissas relativas à dinâmica dos ativos financeiros e do mercado como um todo. As suposições são as seguintes:

- O mercado é sem atrito (ou seja, não há taxas de transação).
- O dinheiro pode ser emprestado em qualquer valor, mesmo fracionário, à taxa livre de risco (a taxa teórica de retorno de um investimento sem risco, uma variável macroeconômica assumida como constante).
- Não há oportunidade de arbitragem (ou seja, lucros acima da taxa livre de risco não podem ser feitos sem risco).
- As ações podem ser compradas e vendidas em qualquer quantidade, mesmo fracionadas.
- Ações não pagam dividendos.[6]

---

6   Os dividendos podem ser contabilizados em variantes do modelo original.

- Os log-retornos das ações seguem o movimento browniano, com desvio e volatilidade constantes (a média teórica e o desvio padrão dos log-retornos anuais).

Um movimento browniano, ou um processo de Wiener, é um tipo de processo estocástico ou um sistema que experimenta flutuações aleatórias à medida que evolui com o tempo. Tradicionalmente usado para descrever as flutuações posicionais de uma partícula suspensa em fluido em equilíbrio térmico,[7] um processo de Wiener padrão (indicado como $W(t)$) é definido matematicamente pelas condições no quadro a seguir. A definição matemática pode ser desprezada, se preferir, pois a intuição por trás da matemática é mais crucial para entender a base teórica da precificação de opções e vem em seguida.

- $W(0) = 0$ (ou seja, o processo começa inicialmente na locação 0).

- $W(t)$ é quase certamente contínuo.

- Os incrementos de $W(t)$, definidos como $W(t) - W(s)$, onde $0 < s < t$, normalmente são distribuídos com média 0 e variância $t - s$ (ou seja, as etapas do processo de Wiener normalmente são distribuídas com média constante em 0 e variância de Δt).

- Incrementos disjuntos de $W(t)$ são independentes um do outro (ou seja, a etapa atual do processo não é influenciada pelas etapas anteriores, nem influencia as subsequentes).

Simplificando, um processo de Wiener é um processo que segue um padrão aleatório. Cada etapa nesse padrão é probabilística e independente uma da outra. Quando etapas disjuntas de igual duração são traçadas em um histograma, essa distribuição é normal, com média e variância constantes. A dinâmica de movimento browniano é impulsionada por esse processo subjacente. Essas condições podem ser mais bem compreendidas visualmente, o que também

---

7   Essa aplicação do processo de Wiener e seu uso em matemática financeira são devidos a eles surgirem como o limite de escala do passeio aleatório simples. Esse é um processo simples, que leva ±1 passo independente com probabilidade 1/2. O limite de escala é alcançado diminuindo-se o tamanho das etapas enquanto se acelera sua taxa de forma que o processo não fique em sua localização inicial e nem corra para o infinito imediatamente.

demonstrará por que essa suposição aparece no desenvolvimento da fórmula de Black-Scholes como uma aproximação para a dinâmica dos preços. As Figuras 1.6 e 1.7 ilustram as características do movimento browniano, e a Figura 1.8, a dinâmica do SPY, de 2010–2015,[8] para fins de comparação.

As tendências de preços do SPY na Figura 1.8(b) parecem bastante semelhantes aos deslocamentos horizontais cumulativos do movimento browniano mostrados na Figura 1.6(c). Os retornos diários do SPY são mais propensos a movimentos discrepantes em comparação com os deslocamentos horizontais do movimento browniano, mas compartilham algumas características.

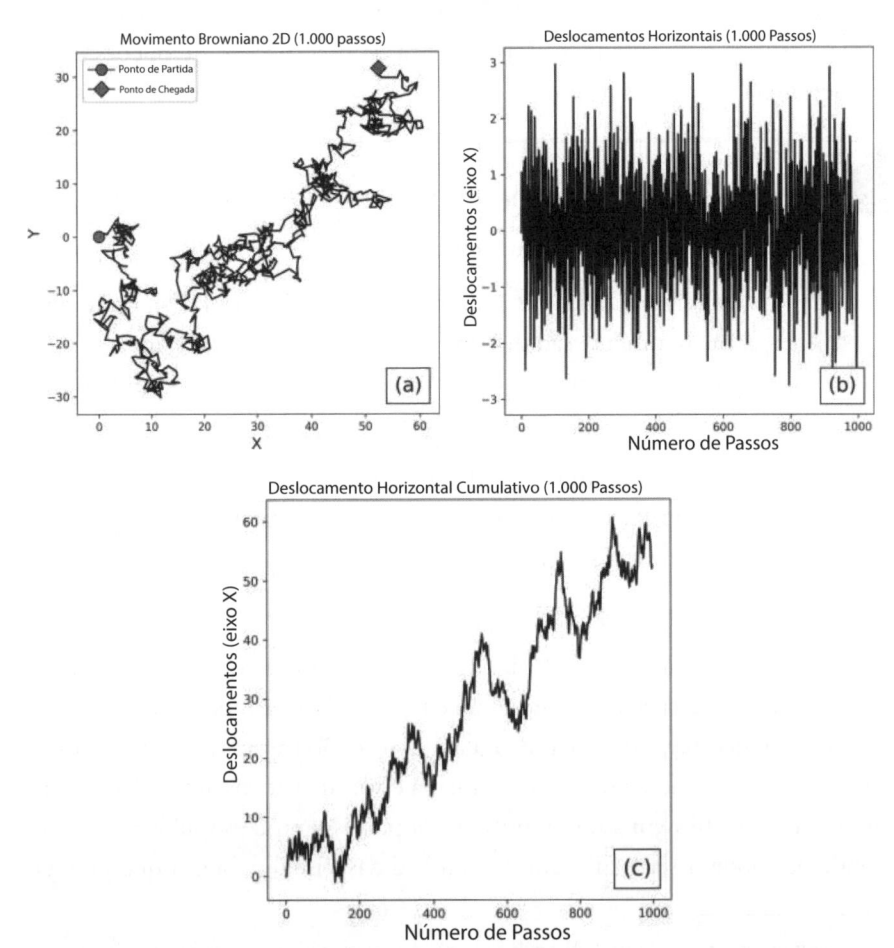

---

8   Observe que, a menos que indicado ou mostrado de outra forma, os intervalos de dados ao longo deste livro geralmente terminam no primeiro dia do último ano. Para o alcance mostrado aqui, os dados começam em 1º de janeiro de 2010 e finalizam em 1º de janeiro de 2015.

Figura 1.6 (a) A posição 2D de uma partícula em um fluido, movendo-se de forma browniana. A partícula começa em uma coordenada de ($X = 0$, $Y = 0$) e deriva para um novo local em mil passos. (b) Os deslocamentos horizontais[9] da partícula (ou seja, os movimentos da partícula pelo eixo X ao longo de mil passos). (c) O deslocamento horizontal cumulativo da partícula em mil passos.

A geometria simétrica do histograma de retornos do SPY se assemelha à distribuição bastante normal dos deslocamentos horizontais, com as caudas da distribuição sendo mais proeminentes como resultado do histórico de grandes movimentos de preços.

São claras as similaridades entre a dinâmica de preços e o movimento browniano, mas esse continua a ser um modelo altamente simplificado de dinâmica de preços.

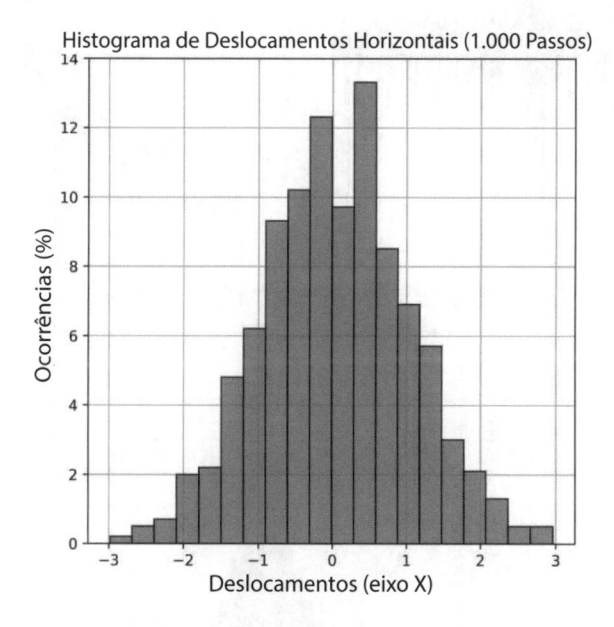

Figura 1.7 A distribuição dos deslocamentos horizontais da partícula ao longo de mil passos. Como é característico no processo de Wiener, os incrementos são normalmente distribuídos, têm média zero e variância $t - s$ (equivalente a 1, neste caso). A figura indica que os tamanhos de passo horizontal entre -1 e 1 são os mais comuns, e os tamanhos de passo com uma magnitude maior que 1 são menos comuns.

---

9   O deslocamento ao longo do eixo X é a diferença entre a localização horizontal atual da partícula e a localização horizontal anterior da partícula para cada etapa.

Na verdade, os log-retornos de ações não são normais e, normalmente, são distorcidos positiva ou negativamente, dependendo do ativo-objeto específico. Além disso, a deriva e a volatilidade de uma ação não são diretamente observáveis, e não é possível confirmar experimentalmente se essas variáveis são constantes ou não. A volatilidade das ações aproximada com dados históricos de retorno raramente é constante com o tempo (um fenômeno conhecido como heterocedasticidade). Os retornos de ações também não são tipicamente independentes uns dos outros ao longo do tempo (um fenômeno conhecido como autocorrelação), o que é um requisito para esse modelo.

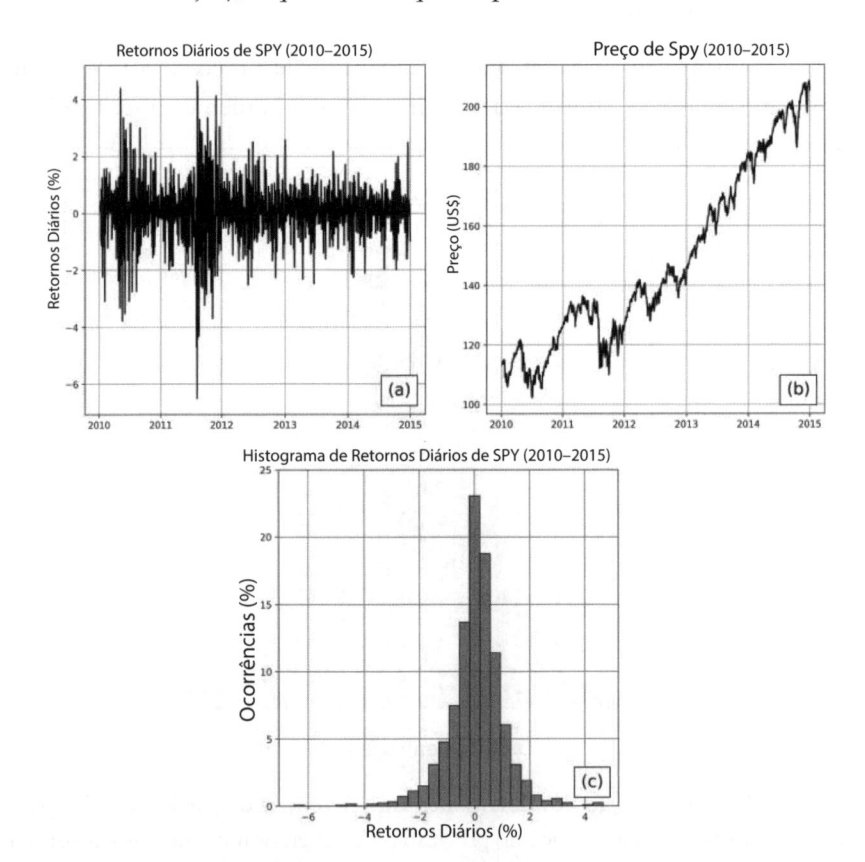

Figura 1.8 Os (a) retornos diários, os (b) preços e o (c) histograma de retornos diários para SPY, de 2010–2015.

Embora a suposição de normalidade não seja totalmente precisa, fazer essa simplificação permite o desenvolvimento do restante desse esquema teórico mostrado no quadro. O formalismo no quadro a seguir é material suplementar para os inclinados à matemática. A interpretação da matemática, que é mais significativa, segue depois. Deve-se reparar que a fórmula de Black-Scholes, tecnicamente, assume que o preço das ações segue o *movimento browniano geométrico*, que é mais preciso porque os movimentos de preços não podem ser negativos. O movimento browniano geométrico é uma breve modificação do movimento browniano e requer que o logaritmo do sinal siga o movimento browniano, em vez do próprio sinal. No que se refere à dinâmica de preços, isso sugere que os log-retornos são normalmente distribuídos com desvio constante (taxa de retorno) e volatilidade.[10]

Para o preço de uma ação que segue o movimento browniano geométrico, a dinâmica de preço do ativo pode ser representada com a seguinte equação diferencial estocástica:[11]

$$dS(t) = S(t)(\mu dt + \sigma dW(t)) \qquad (1.10)$$

Na qual $S(t)$ é o preço da ação no momento t, $W(t)$ é o processo de Wiener no momento t, μ é uma taxa flutuante, e σ é a volatilidade da ação. A taxa flutuante e a volatilidade da ação são assumidas como constantes, e é importante reiterar que nenhuma dessas variáveis é diretamente observável. Essas constantes podem ser aproximadas usando-se o retorno médio de uma ação e o desvio padrão dos retornos históricos, mas nunca podem ser conhecidas com precisão.

A equação afirma que cada elemento no preço de ações ($dS(t)$) é impulsionado por uma quantidade previsível de desvio (com retorno esperado μdt) e certa quantidade de ruído aleatório ($\sigma dW(t)$). Em outras palavras, essa equação tem dois componentes: aquele que modela tendências de preços *determinísticas* ($S(t)\mu dt$) e outro que modela as flutuações probabilísticas de preço ($S(t)\sigma dW(t)$). A conclusão importante a ser

---

10   Retornos simples também serão aproximados como normalmente distribuídos ao longo deste livro. Embora isso não seja explicitamente sugerido na fórmula de Black-Scholes, é uma aproximação justa e intuitiva na maioria dos casos, porque a diferença entre log--retornos e retornos simples é normalmente insignificante em escalas de tempo diárias.

11   d é um símbolo usado em cálculo que representa uma derivada matemática. Representa, equivalentemente, uma mudança infinitesimal na variável à qual é aplicada. $dS(t)$ é apenas um movimento incremental muito pequeno do preço das ações no momento t. ∂ é a derivada parcial, que também representa uma mudança muito pequena em uma variável em relação às variáveis em outra.

tirada dessa observação é a de que a incerteza inerente está no preço das ações, representada com as contribuições do processo de Wiener. Porque os incrementos de um processo de Wiener são independentes uns dos outros, também é comum supor que a EMH fraca se mantém no mínimo, além da normalidade dos log-retornos.

Usando essa equação como uma base para a derivação, assumindo que uma carteira de opções sem risco deve obter a taxa livre de risco e reorganizando os termos, segue a equação de Black-Scholes:

$$\frac{\partial C}{\partial t} + rS\left(\frac{\partial C}{\partial S}\right) + \frac{1}{2}\sigma^2 S^2\left(\frac{\partial^2 C}{\partial S^2}\right) = rC \qquad (1.11)$$

Na qual C é o preço de uma opção de compra(call) europeia (com uma dependência em S e t), S é o preço da ação (com uma dependência em t), r é a taxa livre de riscos, e σ é a volatilidade da ação. A fórmula de Black-Scholes pode ser calculada resolvendo-se a equação de Black--Scholes de acordo com as condições de contorno dadas pelo pagamento no vencimento das opções europeias. A fórmula, que fornece o valor de uma opção de compra(call) europeia para uma ação que não paga dividendos, é dada pela seguinte equação:

$$C(S, t) = N(d_1)S(t) - N(d_2)Ke^{-r(T-t)} \qquad (1.12)$$

Na qual $N(d_1)$ é o valor da função de distribuição cumulativa normal padrão em d_1 e, da mesma forma, para $N(d_2)$, T é o momento em que a opção vencerá ($T - t$ é a duração do contrato), $S(t)$ é o preço da ação no momento t, K é o preço do exercício da opção, e d_1 e d_2 são dados pelo seguinte cálculo:

$$d_1 = \frac{1}{\sigma\sqrt{T-t}}\left[\ln\left(\frac{S(t)}{K}\right) + \left(r + \frac{1}{2}\sigma^2\right)(T-t)\right] \qquad (1.13)$$

$$d_2 = d_1 - \sigma\sqrt{T-t} \qquad (1.14)$$

No qual σ é a volatilidade da ação. Se as equações parecem pesadas, é porque são.

Novamente, o propósito desta seção não é descrever em detalhes a mecânica subjacente da fórmula de Black-Scholes. Em vez disso, as Equações (1.10) a (1.14) são incluídas para enfatizar três pontos importantes.

1. Há uma incerteza inerente no preço da ação. Os movimentos dos preços das ações também são considerados independentes uns dos outros e distribuídos log-normalmente.[12]

2. A estimativa de preço justo de uma opção pode ser calculada de acordo com o preço da ação, sua volatilidade, a taxa livre de risco, a duração do contrato e o preço do exercício.

3. A volatilidade de uma ação, que é importante para estimar o risco de um ativo e a valoração de uma opção, não pode ser observada diretamente. Isso sugere que o "risco verdadeiro" de um instrumento nunca pode ser conhecido exatamente. O risco só pode ser aproximado usando-se uma métrica, como a volatilidade histórica ou o desvio padrão dos retornos históricos em alguma escala de tempo que normalmente corresponde à duração do contrato. Além de usar uma métrica que olhe para o passado, como a volatilidade histórica, para estimar o risco de um ativo, também é possível inferir o risco de um ativo a partir do preço de suas opções.

Como dito anteriormente, a fórmula de Black-Scholes só dá uma estimativa *teórica* do preço justo de uma opção. Uma vez que o contrato é negociado no mercado de opções, seu preço é frequentemente aumentado ou diminuído, dependendo da especulação e do risco percebido. O desvio do preço de uma opção de seu valor teórico como resultado desses fatores externos é indicativo de *volatilidade implícita*. Ao valorar inicialmente uma opção, a volatilidade histórica da ação está precificada no modelo. No entanto, quando o preço da opção é negociado acima ou abaixo de seu valor teórico, isso indica que a volatilidade histórica *percebida* do ativo-objeto se desvia do que é estimado pelos retornos históricos.

A volatilidade implícita pode ser a métrica mais importante no trade de opções. Ela é, efetivamente, uma medida do *sentimento* de risco para um determinado ativo-objeto de acordo com a oferta e demanda de contratos de opções. Por exemplo, suponha que uma ação que não paga dividendos atualmente sendo

---

12   Para mais sobre a função log e a distribuição log-normal, ver apêndice.

negociada a US$100 por ação tenha uma volatilidade histórica de retornos de 45 dias igual a 20%. Suponha que sua opção de compra com duração de 45 dias e preço de exercício de US$105 seja negociada a US$2 por ação. Conectando esses parâmetros à fórmula de Black-Scholes, essa opção de compra teoricamente deveria ser negociada a US$1 por ação. No entanto, a demanda por essa posição aumentou de forma significativa o preço do contrato. Para o modelo retornar um preço de compra de US$2 por ação, a volatilidade desse ativo-objeto teria de ser de 28% (assumindo que todo o resto seja constante). Portanto, embora a volatilidade histórica do ativo-objeto seja de apenas 20%, o risco percebido do ativo-objeto (isto é, a volatilidade implícita) é, na verdade, de 28%.

Para concluir, o propósito primário desta seção não era se aprofundar na matemática de Black-Scholes. Em vez disso, esses conceitos foram introduzidos para justificar os seguintes axiomas, fundamentais para este livro:

- Os lucros não podem ser gerados sem risco.
- Os log-retornos de ações têm uma incerteza inerente e supõe-se que seguem uma distribuição normal.
- Os movimentos do preço de ações são independentes ao longo do tempo (isto é, as mudanças futuras nos preços independem das mudanças passadas de preços, exigindo um mínimo de EMH fraca).
- As opções podem, teoricamente, ser precificadas de forma justa com base no preço da ação, na sua volatilidade, na taxa livre de riscos, na duração do contrato e no preço de exercício.
- A volatilidade de um ativo não pode ser observada diretamente, apenas estimada usando-se métricas como a volatilidade histórica ou implícita.

As Gregas

Fora a volatilidade implícita, as gregas são as métricas mais relevantes derivadas da fórmula de Black-Scholes. As gregas são um conjunto de medidas de risco, e cada uma descreve a sensibilidade do preço de uma opção em relação a mudanças em alguma variável. As letras gregas mais essenciais para os investidores de opções são delta (Δ), gama (Γ) e teta (θ).

O delta (Δ) é uma das letras gregas mais importantes e amplamente usadas. É uma grega de primeira ordem,[13] que mede a mudança esperada no preço da opção dado um aumento de US$1 no preço do ativo-objeto (assumindo que todas as outras variáveis permaneçam constantes). A equação é a seguinte:

$$\Delta = \frac{\partial V}{\partial S} \qquad (1.15)$$

Na qual V é o preço de uma opção (call ou put), e S, o preço de uma ação subjacente, notando que ∂ é a derivada parcial. O valor de delta varia de -1 a 1 e seu símbolo depende do tipo da posição:

- Ação comprada: Δ é 1.
- Call e put compradas: Δ está entre 0 e 1.
- Put e call vendidas: Δ está entre -1 e 0.

Por exemplo, o preço de uma opção de compra com delta de 0,50 (simbolizado 50Δ, porque este é o total de Δ para um lote, ou 100 ações-objeto) aumentará para aproximadamente US$0,50 por ação, quando o preço do ativo-objeto aumentar em US$1. Isso faz sentido intuitivo porque uma ação comprada, uma call comprada e uma put vendida são todas estratégias de alta, o que significa que elas lucrarão quando o preço do ativo-objeto aumentar. Da mesma forma, como as puts compradas e calls vendidas são de baixa, elas sofrerão perdas quando o preço do ativo-objeto aumentar.

O delta tem um sinal e uma magnitude, por isso é uma medida de *grau de risco direcional* de uma posição. O símbolo de delta indica a direção do risco, e a magnitude do delta indica a gravidade da exposição. Quanto maior a magnitude do delta, maior o potencial de lucros e perdas do contrato. Isso ocorre porque posições com deltas maiores estão mais próximas de ITM e com mais profundidade, e são mais sensíveis a mudanças no preço do ativo-objeto. Um contrato com um delta de 1,0 (100Δ) tem exposição direcional máxima e é ITM ao máximo. Opções 100Δ se comportam como o preço das ações, pois um aumento de US$1 no ativo-objeto cria um aumento de US$1 no preço da opção por ação. Um contrato com um delta de 0,0 não tem exposição

---

13   A ordem se refere ao número de derivativas matemáticas tomadas sobre o preço da opção. O delta tem uma única derivada de V e é de primeira ordem. As gregas de segunda ordem são derivadas das gregas de primeira ordem.

direcional e é OTM ao máximo. Um contrato 50Δ é definido como tendo exercício (strike) ATM.[14]

Por delta ser uma medida de exposição direcional, ele desempenha um papel importante na cobertura de riscos direcionais. Por exemplo, se um investidor tem atualmente uma posição de 50Δ e deseja que a posição seja relativamente insensível a movimentos direcionais no ativo-objeto, ele pode compensar essa exposição com a adição de 50 deltas negativos (por exemplo, 2 puts compradas de 25Δ). A posição composta é chamada de delta neutro.

Gama (Γ) é uma grega de segunda ordem e mede a mudança esperada no *delta* dada uma mudança de US\$1 no preço do ativo-objeto.

Gama é representado matematicamente assim:

$$\Gamma = \frac{\partial \Delta}{\partial S} = \frac{\partial^2 V}{\partial S^2} \qquad (1.16)$$

Assim como com delta, o símbolo de gama depende do tipo da posição:

- Call e put compradas: $\Gamma > 0$.
- Call e put vendidas: $\Gamma < 0$.

Em outras palavras, se há um aumento de US\$1 no preço do ativo-obje-to, então o delta de todas as posições compradas se tornará mais positivo, e o delta para todas as posições vendidas, mais negativo. Isso faz sentido intuitivo, porque um aumento de US\$1 no ativo-objeto torna as calls compradas ainda mais ITM, aumentando a exposição direcional do contrato, e torna as puts compradas ainda mais OTM, diminuindo a exposição direcional inversa do contrato e aproximando o delta negativo de zero. A magnitude do gama é ainda maior para posições ATM e menor para posições ITM e OTM, o que significa que o delta é mais sensível aos movimentos de preços dos ativos-objetos em –50Δ e 50Δ.

Estar ciente de gama é fundamental ao negociar opções, principalmente ao visar uma exposição direcional específica. O delta de um contrato é normalmente transitório, portanto, o gama de uma posição fornece uma melhor indicação da exposição direcional em longo prazo. Suponha que os investidores

---

14   Na prática, os preços de exercício e ativos-objetos para contratos de 50Δ tendem a diferir *ligeiramente* devido à assimetria de strike.

queiram construir uma posição delta neutra, emparelhando uma call vendida (delta negativo) com uma put vendida (delta positivo) e estão pensando em usar contratos de 20Δ ou 40Δ (todos os outros parâmetros idênticos). Os contratos 40Δ são muito mais próximos de ATM (50Δ) e têm mais lucro potencial do que as posições 20Δ, mas também têm muito mais risco gama e é bem menos provável que permaneçam delta neutros em longo prazo. A escolha ideal dependeria de quanto risco os investidores estão dispostos a aceitar e de seus objetivos de lucro. Para investidores com altas metas de lucro e uma conta grande o suficiente para lidar com as grandes oscilações de P/L e o potencial de perda de trading, os contratos de 40Δ são mais adequados.

Teta (θ) é uma grega de primeira ordem, que mede as mudanças esperadas de P/L resultantes da diminuição do valor extrínseco da opção (a diferença entre o preço de mercado atual da opção e o valor intrínseco dela) por dia. Também é comumente referido como a desvalorização temporal da opção. Teta é representado matematicamente assim:

$$\theta = \frac{\partial V}{\partial t} \qquad (1.17)$$

onde V é o preço da opção (call ou put) e t é o tempo. O símbolo de teta depende do tipo da posição e ele é oposto a gama:

- Call e put compradas: $\theta < 0$.
- Call e put vendidas: $\theta > 0$.

Em outras palavras, a desvalorização temporal de um valor extrínseco diminui o valor de uma posição comprada e aumenta o de uma posição vendida. Por exemplo, espera-se que o valor de uma call comprada com teta de -5 por lote diminua em US$5 por dia. Isso faz sentido intuitivo porque os titulares do contrato sofrem perdas graduais à medida que o ativo se deprecia com o tempo, resultado do valor da opção convergindo para seu valor intrínseco à medida que a incerteza se dissipa. Como o valor extrínseco de um contrato diminui com o tempo, o lado vendido da posição lucra com o tempo e sofre uma desvalorização temporal positiva. A magnitude de teta é maior para opções ATM e menor para as ITM e OTM, todo o mais constante.

Há um trade-off entre gama e teta de uma posição. Por exemplo, uma call comprada com o benefício de um gama grande e positivo também estará sujeita a uma grande quantidade de desvalorização temporal negativa. Imagine esses exemplos:

- **Posição 1:** uma call de 45 DTE, 16Δ, com preço de exercício de US$50 é negociada com um ativo-objeto de US$45. A posição comprada tem gama de 5,4 e teta de -1,3.
- **Posição 2:** uma call de 45 DTE, 44Δ, com preço de exercício de US$50 é negociada com um ativo-objeto de US$49. A posição comprada tem gama de 7,9 e teta de -2,2.

Comparada à primeira posição, a segunda tem mais exposição gama, significando que o delta do contrato (e o preço do contrato) é mais sensível a mudanças no preço do ativo-objeto e mais provável de se mover ITM. No entanto, essa posição também vem com mais desvalorização teta, o que significa que o valor extrínseco também diminui mais rápido com o tempo.

Para concluir essa discussão da fórmula de Black-Scholes e suas medidas de risco, note que as saídas de todos os modelos de precificação de opções devem ser encaradas de forma cética. Os modelos de precificação são baseados em premissas simplificadas de mercados financeiros reais. Essas premissas tendem a se tornar menos representativas em condições de mercado altamente voláteis quando os lucros e perdas potenciais se tornam muito maiores. As premissas e letras gregas da fórmula de Black-Scholes podem ser usadas para formar expectativas razoáveis sobre risco e retorno *na maioria das condições de mercado*, mas também é importante complementar essa estrutura com estatísticas sem uso de modelos.

Covariância e Correlação

Até agora, discutimos o trading em relação a uma única posição, mas quantificar as relações entre várias posições é igualmente importante. A covariância quantifica como duas variáveis se movem em relação às suas médias, no que diz respeito uma à outra. É uma maneira eficaz de medir a variabilidade entre duas variáveis. Para um símbolo X com observações (x_1, x_2, ..., x_n) e média μ_X, e outro, Y, com observações (y_1, y_2, ..., y_n) e média μ_Y, a covariância se dá da seguinte forma:

$$\text{Covariância} = \text{Cov}(X, Y) = \frac{1}{n} \cdot \sum_{i=1}^{n} (x_i - \mu_X)(y_i - \mu_Y) \qquad (1.18)$$

Representado em termos de variáveis aleatórias X e Y, isso equivale ao seguinte:[15]

$$\text{Cov}(X, Y) = E[(X - E[X])(Y - E[Y])] \qquad (1.19)$$

Simplificando, a covariância quantifica a tendência à relação linear entre duas variáveis:

- Uma covariância *positiva* indica que os valores altos de uma variável coincidem com os valores altos de outra, e isso vale para os valores baixos de cada.
- Uma covariância *negativa* indica que os valores altos de uma variável coincidem com os valores baixos de outra, e vice-versa.
- Uma covariância de zero indica que nenhuma tendência linear foi observada entre as duas variáveis.

A covariância pode ser mais bem entendida com um exemplo gráfico. Considere os seguintes ETFs com retornos diários mostrados nas figuras a seguir: SPY (S&P 500), QQQ (Nasdaq 100) e GLD (Ouro), TLT (Títulos do Tesouro com mais de vinte anos).

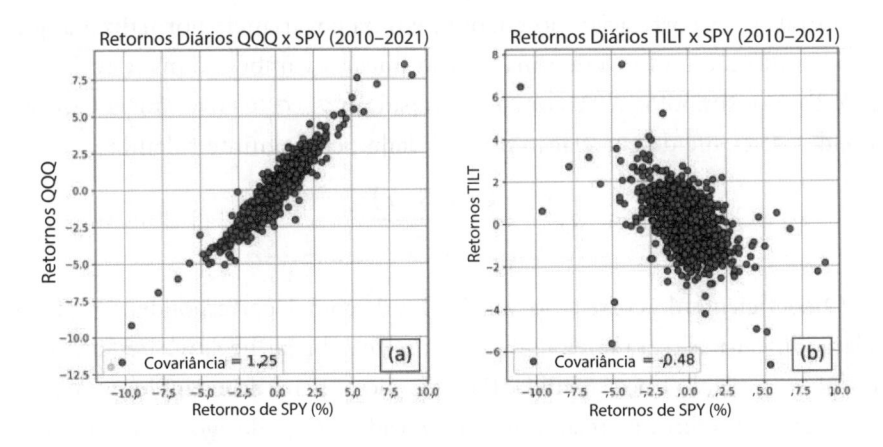

---

15 A covariância de uma variável consigo mesma (por exemplo, Cov(X, X)) é meramente a variação da própria variável.

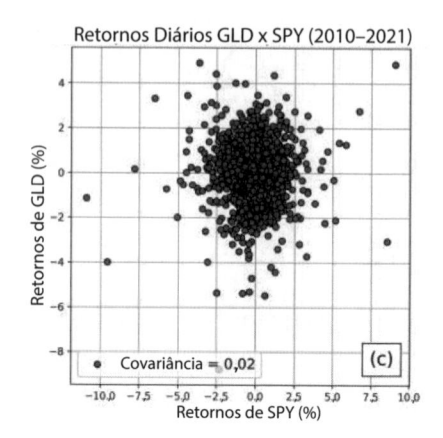

Figura 1.9 (a) Retorno de QQQ *versus* retorno de SPY. A covariância entre esses ativos é de 1,25, indicando que esses instrumentos tendem a se mover similarmente. (b) Retorno de TLT *versus* retorno de SPY. A covariância entre esses ativos é de -0,48, indicando que eles tendem a se mover de forma inversa um ao outro. (c) Retorno de GLD *versus* retorno de SPY. A covariância entre esses ativos é de 0,02, indicando que não há uma relação linear forte entre essas variáveis.

A covariância mede a direção da relação linear entre duas variáveis, mas não dá uma noção clara da *força* dessa relação. Como a covariância entre duas variáveis é específica à escala delas, as covariâncias entre dois pares não são comparáveis. A correlação, no entanto, é uma covariância normalizada que indica a direção *e* a força de uma relação linear, e também é invariável à escala. Para os símbolos X, Y com desvios padrão σ_X, σ_Y e covariância $\mathrm{Cov}(X, Y)$, o coeficiente de correlação ρ (rô) é dado pelo seguinte cálculo:

$$\text{Correlação} = \rho_{XY} = \frac{\mathrm{Cov}(X, Y)}{\sigma_X \sigma_Y} \qquad (1.20)$$

O coeficiente de correlação vai de -1 a 1, com 1 correspondendo a uma relação linear positiva perfeita; -1, a uma relação linear negativa perfeita; e 0, a nenhuma relação linear medida. Revisitando os pares de exemplo mostrados na Figura 1.9, a força da relação linear em cada caso pode agora ser avaliada e comparada.

Para a Figura 1.9(a), retorno de QQQ *versus* retorno de SPY, a correlação entre esses ativos é de 0,88, indicando uma relação linear positiva forte. Para a Figura 1.9(b), retorno de TLT *versus* retorno de SPY, a correlação entre esses ativos é de -0,43, indicando uma relação linear negativa moderada. E para a Figura 1.9(c), retorno de GLD *versus* retorno de SPY, a correlação entre esses ativos é de 0,00, indicando nenhuma relação linear mensurável entre essas variáveis. De acordo com os valores de correlação para os pares mostrados, a relação linear mais forte é entre SPY e QQQ, porque a magnitude do coeficiente de correlação é maior.

O coeficiente de correlação desempenha um papel importante na construção da carteira, particularmente na perspectiva da gestão de risco. A correlação quantifica a relação entre as tendências direcionais de dois ativos. Se os ativos de uma carteira têm retornos altamente correlacionados (positiva ou negativamente), a carteira está altamente exposta ao risco direcional. Para entender como a correlação impacta o risco, considere a propriedade aditiva da variância. Para duas variáveis X, Y aleatórias, com variâncias individuais $\text{Var}(X)$, $\text{Var}(Y)$ e covariância $\text{Cov}(X, Y)$, a variância *combinada* se dá da seguinte forma:

$$\text{Var}(X + Y) = \text{Var}(X) + \text{Var}(Y) + 2\text{Cov}(X, Y) \qquad (1.21)$$

Ao combinar dois ativos, o impacto geral da incerteza da carteira depende das incertezas dos ativos individuais, bem como da covariância entre eles. Portanto, para cada nova posição que ocupa capital de carteira adicional, a covariância aumentará a incerteza da carteira (correlação alta), terá pouco efeito sobre a incerteza da carteira (correlação próxima de zero) ou reduzirá a incerteza da carteira (correlação negativa).

Medidas Adicionais de Risco

Este capítulo introduziu várias medidas de risco, como volatilidade histórica, volatilidade implícita e gregas de opções. Duas métricas adicionais são dignas de nota e aparecerão ao longo do texto: beta (β) e valor condicional em risco (CVaR). Beta é a medida do risco sistemático e quantifica especificamente a volatilidade da ação em relação à do mercado em geral, que normalmente é estimada com um ativo de referência, como o SPY. Dado o retorno do mercado, R_m, uma ação com retorno R_i tem o seguinte beta:

$$\beta = \frac{\text{Cov}(R_i, R_m)}{\text{Var}(R_m)} \qquad (1.22)$$

A volatilidade de uma ação relativa ao mercado pode ser avaliada de acordo com o seguinte:

- $\beta > 1$: o ativo tende a se mover mais do que o mercado. (Por exemplo, se o beta de uma ação é 1,5, o ativo tenderá a mover US\$1,50 para cada US\$1 que o mercado mover.)
- $\beta = 1$: os movimentos do ativo tendem a se igualar aos do mercado.
- $0 < \beta < 1$: o ativo é menos volátil do que o mercado. (Por exemplo, se o beta de uma ação é 0,5, o ativo será 50% menos volátil do que o mercado.)
- $\beta = 0$: o ativo não tem risco sistemático (risco de mercado).
- $\beta < 0$: o ativo tende a se mover no sentido contrário ao do mercado, como um todo.

Essa métrica é essencial para a administração da carteira, na qual é utilizada a formulação do delta ponderado em beta. Isso será abordado com mais detalhes no Capítulo 7.

Valor em risco (VaR) é outra distribuição estatística que é especialmente útil ao lidar com distribuições altamente assimétricas. VaR é uma estimativa das perdas potenciais para uma carteira ou posição ao longo de um determinado período em um nível de probabilidade específico, com base no comportamento histórico. Por exemplo, uma posição com um VaR diário de –US\$100 no nível de probabilidade de 5% pode esperar perder US\$100 (ou mais) em um único dia 5% do tempo. Isso significa que os 5% de base das ocorrências na distribuição histórica de P/L diários são –US\$100 ou pior. Para visualizar, veja o histórico de distribuição de retornos diários para o SPY na Figura 1.10.

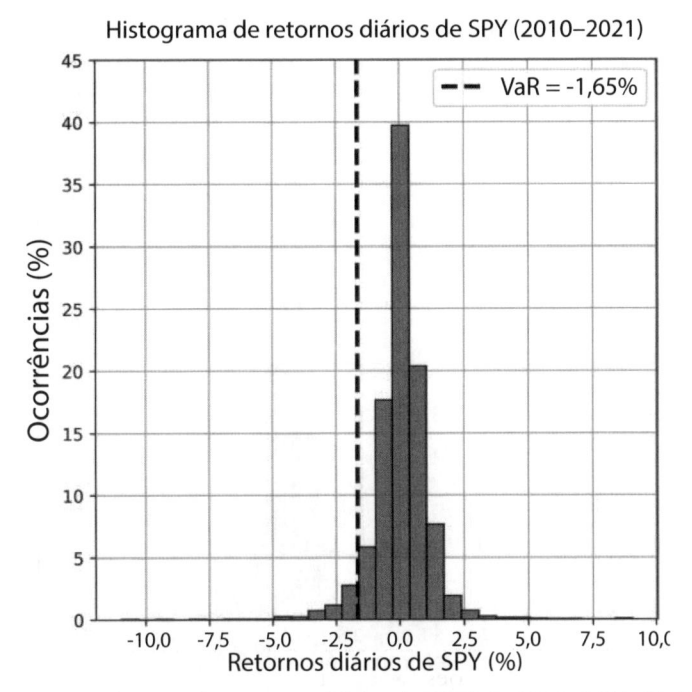

Figura 1.10 Distribuição de retornos diários de SPY de 2010–2021. Está incluído o VaR no nível de probabilidade de 5%, indicando que o SPY perdeu no máximo 1,65% de seu valor em 95% de todos os dias.

Para estratégias com uma significante cauda negativa de assimetria, o VaR dá uma estimativa numérica para o potencial de perda extrema de acordo com tendências passadas. Para dar mais ênfase à cauda negativa de uma distribuição e determinar uma estimativa de perdas mais extrema, os investidores devem usar o CVaR, também conhecido como déficit esperado. O CVaR é uma estimativa para a perda esperada da carteira ou posição se o limite de perda extrema (VaR) for ultrapassado. Isso é calculado levando-se a média das perdas de distribuição além da marca de referência VaR. Para ver como o VaR e o CVaR se comparam para os retornos de SPY, consulte a Figura 1.11.

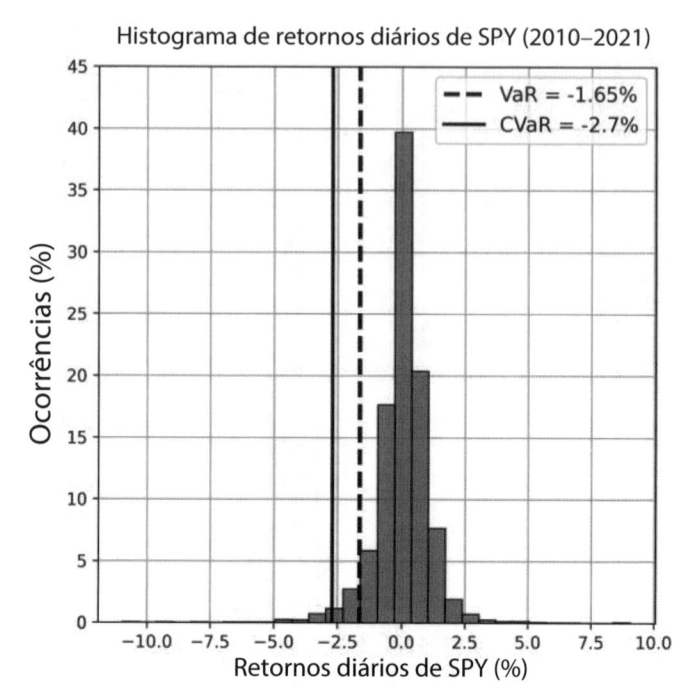

Figura 1.11 Distribuição de retornos diários de SPY de 2010–2021. Estão incluídos VaR e CVaR no nível de probabilidade de 5%. Um CVaR a 2,7% indica que o SPY pode esperar uma perda média diária de aproximadamente 2,7% nos piores 5% dos dias.

A escolha entre usar o VaR e o CVaR depende do perfil de risco da carteira ou da posição considerada. O CVaR é mais sensível a caudas de perdas e fornece uma métrica mais conservadora do ponto de vista do risco, sendo mais adequado para o tipo de instrumento focado neste livro.

Capítulo 2

A Natureza
do Trading de
Volatilidade e
da Volatilidade
Implícita

Os investidores geralmente se protegem contra períodos de extrema volatilidade do mercado (positiva ou negativa) usando opções. As opções são, em efeito, seguros financeiros e são precificadas de acordo com princípios semelhantes aos de outras formas de seguro. Os prêmios aumentam ou diminuem de acordo com o risco *percebido* de um dado ativo-objeto (resultado da oferta e demanda desses contratos), assim como o custo do seguro contra furacões aumenta ou diminui de acordo com o risco percebido de furacão em determinada área. Para quantificar o risco percebido no mercado, os investidores usam a volatilidade implícita (IV, em inglês).

Volatilidade implícita é o valor da volatilidade que faria o preço de mercado atual de uma opção ser o preço justo para ela em um determinado modelo, como o Black-Scholes.[1] Quando o preço das opções *aumenta* (ou seja, há maior demanda por seguro), a IV aumenta proporcionalmente, e quando o preço das opções diminui, a IV diminui. A IV é, portanto, uma *proxy* para o *sentimento* de risco de mercado no que se refere à oferta e demanda por seguros financeiros. A IV dá a *magnitude* percebida dos movimentos de preços esperados; não é direcional.[2] A Tabela 2.1 dá um exemplo numérico.

Tabela 2.1 Dois ativos-objetos com o mesmo preço e contratos de put de cada ativo-objeto com parâmetros idênticos (número de ações, preço de exercício, duração do contrato). O preço dos contratos difere, indicando que esses dois instrumentos têm volatilidades implícitas diferentes.

Contrato de Put de 45 Dias	Ativo-objeto A	Ativo-objeto B
Preço do Ativo-objeto	US$101	US$101
Preço do Exercício	US$100	US$100
Preço da Opção	US$10	US$5

O preço da put fica em torno de 10% do preço da ação para o ativo-objeto A e em 5% do preço da ação para o ativo-objeto B. Isso sugere que há mais incerteza percebida associada ao preço do ativo-objeto A comparado ao B. De forma equivalente, isso indica que a magnitude antecipada de movimentos futuros no preço do ativo-objeto é maior para A em comparação com B.

A demanda por opções tende a aumentar quando a volatilidade histórica de um ativo-objeto aumenta inesperadamente, em particular com grandes movimentos negativos. Isso significa que a IV tende a ser positivamente correlacionada à volatilidade histórica e negativamente ao preço. No entanto, há exceções a essa regra, já que a IV é baseada no risco percebido, e não no risco histórico diretamente. A IV pode aumentar devido a fatores que não

---

1   A volatilidade implícita (IV), assim como a volatilidade histórica, é uma porcentagem e se refere aos log-retornos. É comum representar a IV tanto como um decimal (0,X) quanto uma porcentagem (X%). Um índice IV, que é um instrumento que acompanha a IV e será mostrado mais à frente neste capítulo, é tipicamente representado usando-se pontos (X), mas deve ser entendido como uma percentagem (X%).

2   É possível obter informações direcionais de movimento esperado sobre um ativo-objeto analisando a IV em vários strikes. Isso será mais detalhado no apêndice.

estão diretamente relacionados aos movimentos dos preços, como incertezas específicas da empresa (relatórios de lucros, tweets impróprios do CEO) ou incerteza macroeconômica em larga escala (conflitos políticos, medidas legislativas propostas). Isso também significa que o perfil da volatilidade varia de forma significativa de instrumento para instrumento, o que será discutido ainda neste capítulo.

Similar à volatilidade história, a IV fornece um intervalo de desvio padrão de retornos anuais para um instrumento. Embora a volatilidade histórica represente a *volatilidade passada de retornos* realizada, a IV é a aproximação para a *volatilidade futura de retornos*, porque se baseia em como o mercado está usando as opções para se proteger contra futuras mudanças de preços. Embora cada opção para um ativo-objeto tenha sua própria volatilidade implícita, a "média" da IV de um ativo normalmente é calculada a partir de opções de trinta dias e é uma previsão de volatilidade anualizada aproximada.[3]

> Exemplo: um ativo tem um preço de US$100 e uma IV de 0,10 (10%). Portanto, espera-se que o ativo se mova em torno de 10% da alta ou baixa ao final do ano seguinte. Isso significa que o preço final provavelmente ficará entre US$90 e US$110.

A previsão de volatilidade também pode ser dimensionada para aproximar o preço esperado em dias, semanas, meses ou mais. As equações usadas para calcular as faixas de preço esperadas de um ativo ao longo de algum período de previsão são as seguintes.[4]

$$\text{Faixa esperada de } 1\sigma \ (\%) = \text{IV} \cdot \sqrt{\frac{\text{N}^\circ \text{ de dias do calendário}}{365}} \qquad (2.1)$$

---

3   A IV produz uma aproximação para a faixa de preço esperada, mas não é assim que a faixa esperada costuma ser calculada na maioria das plataformas de trading. Consulte o apêndice para obter mais informações sobre como o intervalo esperado é calculado com mais precisão. Por enquanto, estamos usando essa fórmula simplificada, pois é mais intuitiva.

4   Ao ignorar a taxa livre de risco, o intervalo de preço esperado ao longo de T dias para uma ação com preço S e volatilidade σ pode ser estimado por $Se^{\pm\sigma\sqrt{T/365}}$. A fórmula na Equação (2.2) é uma aproximação, porque, para valores pequenos de x, $e^x \approx 1 + x$. Essa aproximação se torna menos válida quando x é grande, significando que esse cálculo de intervalo esperado é menos preciso quando a IV é alta. Isso será mais explorado no apêndice.

$$\text{Faixa esperada de } 1\sigma \ (\$) = \text{Preço da ação} \cdot \text{IV} \cdot \sqrt{\frac{\text{N}^\circ \text{ de dias do calendário}}{365}}$$

$$(2.2)$$

Essas estimativas de faixa esperada serão usadas para formular estratégias de opções nos próximos capítulos. O prazo para o intervalo esperado geralmente é dimensionado para corresponder à duração do contrato. A maioria dos exemplos neste livro terá a duração de 45 dias para o vencimento (DTE) (ou 33 dias úteis), então, volatilidades implícitas são tipicamente multiplicadas por 0,35, para garantir que as previsões correspondam à duração do contrato.

O cone de movimento esperado é útil para visualizar essa provável faixa de preço de um instrumento de acordo com a especulação do mercado. A largura do cone é calculada usando-se a Equação (2.2) e escalas com a IV do ativo-objeto. Mais especificamente, os cones são mais largos em ambientes de alta volatilidade e mais curtos quando a volatilidade é baixa e a faixa esperada é mais estreita. Pense nos cones de movimento esperado mostrados na Figura 2.1, correspondentes às faixas de preço esperadas para o SPY.

A Figura 2.1(c) mostra a trajetória de preço realizada para o SPY em dezembro de 2019, que permaneceu dentro de sua faixa de preço esperada durante a maior parte do período de 45 dias. Os preços tendem a permanecer em sua faixa esperada na maior parte do tempo, e as premissas da fórmula de Black-Scholes podem ser usadas para desenvolver uma estimativa teórica de quantas vezes isso deve acontecer.

Negociando em Volatilidade

Um número inconcebível de fatores afeta os preços no mercado financeiro, o que torna extremamente difícil prever com precisão os movimentos de preços. Indiscutivelmente, a maneira mais confiável de formar expectativas sobre tendências futuras é usar estatísticas de dados de preços anteriores e modelos financeiros. A IV é derivada dos preços atuais das opções e do modelo de precificação de opções de Black-Scholes, o que significa que as suposições de Black-Scholes podem ser usadas para adicionar contexto estatístico à faixa de preço esperada. Mais especificamente, pode-se inferir a probabilidade de os preços de uma ação permanecerem dentro de sua faixa derivada de IV, porque se supõe que os retornos das ações são normalmente distribuídos. A faixa de desvio padrão da distribuição normal abrange 68,2% dos resultados de eventos, portanto, teoricamente, há uma chance de 68,2% de o preço de uma ação ficar em sua faixa esperada. Essa probabilidade também pode ser generalizada em qualquer escala de tempo usando a Equação (2.1).

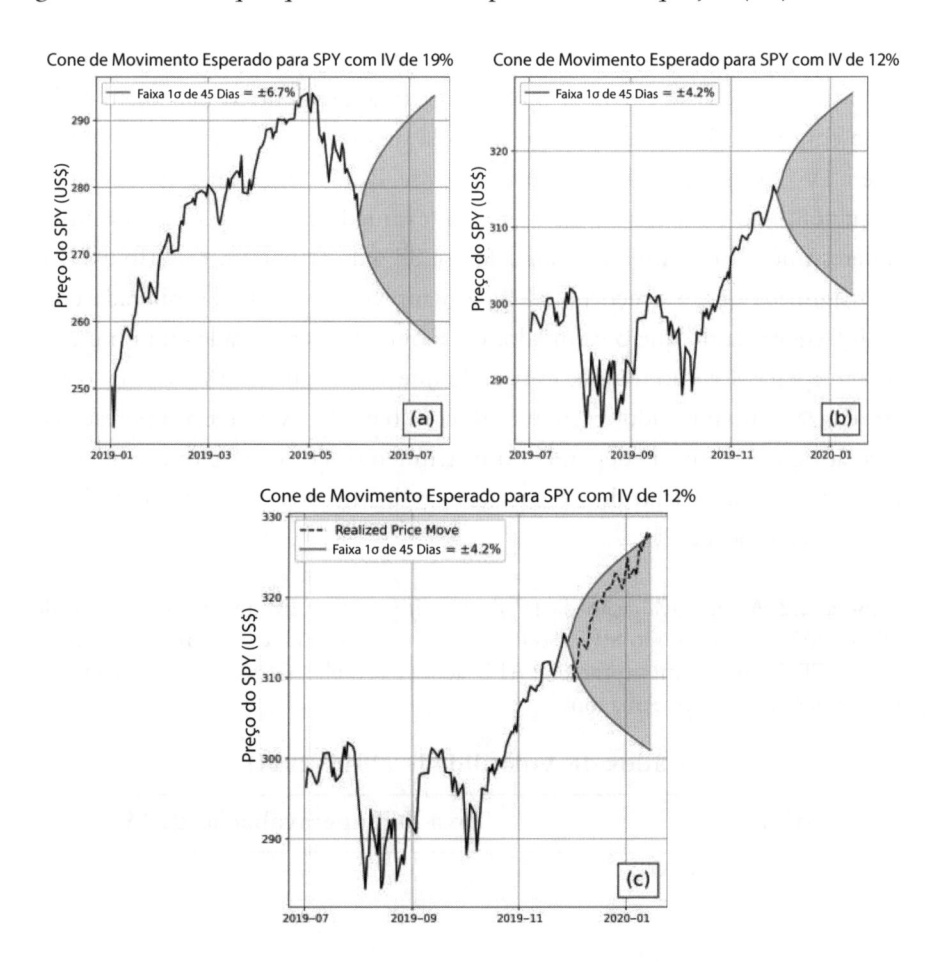

Figura 2.1 (a) O cone de movimento esperado de 45 dias para SPY no início de 2019. O preço de SPY foi de, aproximadamente, US$275, e a IV, em torno de 19%, correspondente a uma faixa de preço esperada de 45 dias de ±6,7% (Equação (2.1)) ou ±US$18 (Equação (2.2)). (b) O cone de movimento esperado de 45 dias para SPY quando a IV estava em 12%. (c) O mesmo cone de movimento esperado que (b) com o preço realizado em 45 dias.

Exemplo: um ativo tem um preço de US$100 e uma IV de 0,10 (10%). Espera-se que o preço do ativo se mantenha entre US$90 e US$110 ao final do ano, com 68% de certeza. De forma equivalente, espera-se que o preço do ativo permaneça entre US$96 e US$104 por 58 dias a partir de hoje, com 68% de certeza (calculado usando a Equação (2.2)).

No entanto, dados históricos mostram que a incerteza percebida no mercado (IV) tende a superavaliar o movimento de preço do ativo-objeto realizado com mais frequência do que a teoria sugere. Apesar de a teoria prever que a IV deve superavaliar o movimento realizado em apenas aproximadamente 68% do tempo, a IV de mercado (estimada usando a IV para o SPY) superestimou o movimento realizado em 87% do tempo entre 2016 e 2021. Isso significa que o preço do SPY se manteve em sua faixa esperada com mais frequência do que o estimado. Os movimentos realizados foram maiores em apenas 13% do tempo, indicando que a IV raramente subestima o risco realizado no mercado. O grau *exato* com o qual a IV tende a superestimar a volatilidade realizada depende do instrumento. Por exemplo, considere as taxas de superavaliação de IV das ações e dos fundos negociados em bolsa (ETFs) na Tabela 2.2.

Tabela 2.2 A superavaliação da IV de movimentos realizados de seis ativos, de 2016 a 2021. Os ativos são SPY (S&P 500 ETF), GLD (ETF de commodity (ouro)), SLV (ETF de commodity (prata)), AAPL (ações da Apple), GOOGL (ações do Google), AMZN (ações da Amazon).

Dados de Volatilidade (2016–2021)

Ativo	Taxa de Superavaliação de IV
SPY	87%
GLD	79%
SLV	89%
AAPL	70%
GOOGL	79%
AMZN	77%

Ativos diferentes são mais ou menos propensos a permanecer dentro de sua faixa de movimento esperada, dependendo de seu perfil de risco individual. As ações estão sujeitas a fatores de risco de empresa única e tendem a ser mais voláteis. ETFs, que contêm uma variedade de ativos, são inerentemente diversificados e tendem a ser menos propensos a oscilações dramáticas de preços. Por exemplo, o S&P 500 inclui a Apple, mas também outras 499 empresas. Isso significa que um evento específico do setor de tecnologia terá um impacto maior na APPL, em comparação ao SPY. Commodities como ouro e prata também tendem a ser menos voláteis do que ações individuais, o que significa que são menos propensas a picos de IV e têm retornos mais previsíveis. Embora as taxas de superavaliação de IV sejam diferentes entre os instrumentos, pode-se concluir que o *medo* de grandes movimentos de preços é geralmente maior do que os movimentos de preços realizados no mercado. Então, como exatamente os investidores de opções podem capitalizar esse conhecimento de IV e superavaliação IV?

Vamos rever o exemplo do seguro contra furacões. O preço do seguro é proporcional ao custo de dano estimado de um potencial furacão na área. Esses preços são baseados no histórico de atividades de furacões e na previsão de eventos futuros, o que pode subestimar, superestimar ou corresponder aos resultados obtidos. Pessoas que *vendem* seguros contra furacões coletam prêmios, inicialmente, com o valor dependendo do risco percebido de danos à propriedade. Durante temporadas de furacão sem ocorrências, muitas apólices caem em desuso, e os seguradores mantêm a maior parte dos prêmios inicialmente coletados. No caso improvável de um dano de furacão ser *significativamente* pior do que o esperado em uma área com muitos segurados, os seguradores sofrem grandes perdas. As empresas de seguros essencialmente obtêm lucros pequenos e consistentes na maioria das vezes, enquanto estão expostas a perdas grandes e infrequentes.

O seguro financeiro tem um trade-off de risco-retorno semelhante, pois os vendedores obtêm lucros pequenos e consistentes na maioria das vezes, mas correm o risco de sofrer grandes perdas em circunstâncias extremas. A IV produz uma previsão de faixa de preço aproximada para um determinado risco–objeto com 68% de certeza. Isso significa que há 68% de chance de que calls com strike na extremidade superior do intervalo esperado e puts com strike na extremidade inferior vençam sem valor intrínseco. Por exemplo, se negociantes vendessem uma call (compra) e uma put (venda) com strikes ao longo do cone de movimento esperado, teoricamente, lucrariam com 68% de certeza. No entanto, se o preço do ativo-objeto se movesse inesperadamente para o lado positivo ou negativo, os investidores poderiam sofrer perdas substanciais.

Ao contrário dos vendedores de seguros contra furacões, os vendedores de opções têm mais espaço para estratégia e mais controle sobre seu perfil de risco-retorno. Os vendedores de prêmio podem escolher quando vender seguros e como construir contratos com maior probabilidade de serem lucrativos. Como a IV é uma proxy para a demanda por opções e a inflação do prêmio, pode ser usada para identificar momentos oportunos para vender seguros. Adicionalmente, porque a IV pode ser usada para estimar a faixa de preço mais provável para um ativo específico, os vendedores de prêmio podem usar a IV para estruturar essas posições para que elas provavelmente vençam sem valor, como no exemplo anterior. Os vendedores de opções (ou investidores de prêmio vendido) têm uma vantagem estatística de longo prazo sobre os compradores de opções, com o trade-off da exposição a perdas improváveis e potencialmente significativas. Por causa dessa vantagem estatística de longo prazo, o trading com prêmios vendidos é o foco deste livro, com o próximo capítulo detalhando a mecânica do trading com base na volatilidade implícita.

Os Estados do VIX

O SPY é frequentemente usado como proxy para o mercado mais amplo. Também é uma base subjacente para estratégias vendidas de opções neste livro, porque é altamente diversificado entre os setores do mercado e tem fatores de risco idiossincráticos mínimos. O Índice de Volatilidade CBOE (VIX) se destina a rastrear a IV anualizada para o SPY e é derivado de opções de índice de trinta dias. Como o SPY é um proxy para o mercado mais amplo, o VIX, portanto, mede o risco percebido do mercado mais amplo. Contextualizando, de 1990 a 2021, o VIX variou de aproximadamente 10 para um pico de pouco mais de 80 em março de 2020, durante a pandemia da Covid-19.[5]

---

5   Repare que os índices de volatilidade, como o VIX, serão representados por pontos, mas devem ser entendidos como uma porcentagem. Por exemplo, um VIX de 30 corresponde a uma volatilidade implícita anualizada de 30%.

Ao contrário das ações, cujos preços normalmente se desviam de seus valores iniciais ao longo do tempo, a IV tende a reverter para um valor de longo prazo seguindo uma tendência cíclica. Isso ocorre porque as ações são usadas para estimar o valor percebido de uma empresa, setor ou commodity, mas a IV acompanha o sentimento de incerteza do mercado, que só pode permanecer elevado por certo tempo. Durante as condições típicas de mercado de alta, o VIX paira em um valor relativamente baixo ou abaixo de sua média de 18,5. Isso é conhecido como estado de calmaria. Quando a incerteza do mercado aumenta rapidamente, qualquer que seja a razão, geralmente em resposta a grandes mudanças repentinas de preço, o VIX se expande e atinge um pico muito acima de seu valor de estado estacionário. Quando o mercado se ajusta às novas condições de volatilidade ou quando elas se dissipam, o VIX gradualmente se contrai de volta a um estado de calmaria. Para ver um exemplo desse ciclo, consulte a Figura 2.2.

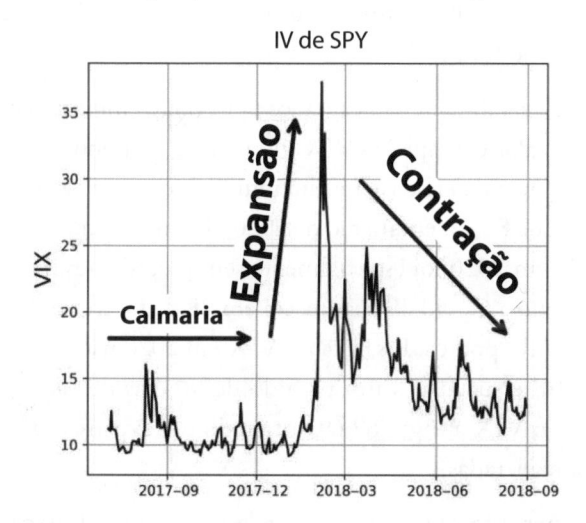

Figura 2.2 As três fases do VIX, usando dados do início de 2017 e final de 2018.

Ao comparar a frequência com que o VIX está em cada estado, encontram-se as seguintes taxas aproximadas:

- Calmaria (70%): a IV permanece consistentemente abaixo ou próxima de sua média de longo prazo. Esse estado ocorre quando os preços de mercado tendem a subir gradualmente e a incerteza de mercado está consistentemente baixa.

- Expansão (10%): a expansão da IV normalmente sucede a um período prolongado de calmaria e é marcada pela expansão da incerteza do mercado e, normalmente, por grandes movimentos de preços na ação-objeto.
- Contração (20%): a contração da IV sucede a uma expansão e é marcada por um declínio contínuo na IV. A contração vira calmaria quando a IV retorna à sua média de longo prazo.

Períodos de calmaria são mais comuns e tendem a ser muito mais longos do que a expansão média ou o período de contração. Desde 2000, o período médio de calmaria foi mais de três vezes a duração da expansão ou contração média. Quando as expansões acontecem, quanto maior é o pico da IV, mais rápida é a contração do VIX. Por exemplo, de acordo com dados de 2005 a 2020, quando o VIX se contraiu de 20 para 16 pontos (queda de 20%), levou uma média de 75,3 dias de trading para fazê-lo. No entanto, quando se contraiu de 70 para 56 pontos (também uma queda de 20%), levou uma média de apenas 4 dias de trading.

Picos no VIX geralmente são causados por eventos mundiais ou de mercado sem precedentes. Por exemplo, o VIX ultrapassou 80 pontos em novembro de 2008, durante o pico da crise financeira mundial, e atingiu a sua maior alta em todos os tempos, de 82,69, em março de 2020, durante a pandemia da Covid-19. O pico do VIX em 2020 foi especialmente sem precedentes, já que o primeiro grande pico devido à Covid-19 acontecera em 28 de fevereiro de 2020, quando o VIX atingiu 40,11 pontos. Essa alta do VIX em 2020 não era alcançada desde fevereiro de 2018 e sucedeu a um período de 96 dias de calmaria. Em 16 de março de 2020, o VIX atingiu 82,69, tornando sua expansão de 2020 uma das mais rápidas já registradas.

Embora os períodos de contração tendam a ser mais longos do que os de expansão e bem mais curtos do que os de calmaria, contrações bastante longas tendem a suceder a grandes vendas ou correções. Por exemplo, a contração do VIX após a crise de 2008 durou mais de um ano, e a contração após a crise de 2020, mais de dez meses. Isso normalmente ocorre porque leva tempo para o mercado (e subsetores específicos) voltar às condições normais após esses amplos choques macroeconômicos.

Vendedores de prêmios podem lucrar em qualquer tipo de mercado, seja durante expansões de volatilidade (baixa), contrações (baixa/neutra) ou calmarias (neutra), se adotarem uma estratégia apropriada para condições de volatilidade. Geralmente, o estado de trading mais favorável para a venda de prêmios é quando a IV se contrai. Isso porque a IV se contrai quando os preços dos prêmios deflacionam, o que significa que os negociadores de opções que venderam posições de IV[6] alta podem comprar posições idênticas de volta em IV baixa a um preço mais baixo, lucrando com a diferença. Expansões de volatilidade, por outro lado, têm o potencial de gerar perdas significativas para os investidores de prêmios curtos.

As expansões de volatilidade tendem a ocorrer quando há grandes movimentos no preço do ativo-objeto e a incerteza aumenta, fazendo com que as opções nesse ativo-objeto se tornem mais caras. Se os investidores vendem o prêmio durante um período de expansão, uma vez que a IV *já esteja elevada*, eles podem capitalizar os preços dos prêmios mais altos e a maior probabilidade de uma contração de volatilidade. No entanto, se os investidores vendem o prêmio durante um período de calmaria, quando a faixa esperada é apertada e a volatilidade *transita* para um período de expansão, esses investidores provavelmente sofrerão grandes perdas com o preço do ativo-objeto que se move muito para fora do intervalo esperado. Além disso, para fechar suas posições antecipadamente, os investidores devem recomprar suas opções por mais do que receberam no crédito inicial e incorrer em uma perda pela diferença.

Investidores de prêmio vendido podem lucrar em qualquer tipo de mercado, mas o risco de perdas significativas para eles é maior quando a volatilidade é *baixa*. Transições inesperadas de uma calmaria para uma expansão na volatilidade não ocorrem com frequência, mas quando acontecem, podem ser prejudiciais para uma conta. Ainda é necessário negociar durante esses períodos de IV baixa, porque a IV passa a maior parte do tempo nesse estado, mas a gestão de risco durante esse período é crucial. Essas técnicas de gestão de risco serão descritas nos próximos capítulos.

---

6   É importante reparar que o limite para a IV alta é diferente para cada ativo, porque cada instrumento está sujeito a fatores de risco únicos. Avaliar a IV pode ser difícil porque há muita variabilidade entre os ativos, mas haverá uma discussão mais aprofundada sobre isso no capítulo seguinte.

Essa tendência cíclica (calmaria, expansão, contração, calmaria) é facilmente observável quando olhamos para um índice de volatilidade relativamente estável, como o VIX. No entanto, essa tendência, que descreveremos como reversão de IV, está presente de alguma forma para *todos* os sinais de IV.

Reversão de IV

Certos tipos de variáveis tendem a reverter para um valor de longo prazo após uma divergência significativa. Embora esse conceito não possa ser provado ou refutado empiricamente, a reversão de IV é uma premissa central no trade de opções.[7] A dinâmica de reversão e o nível mínimo de IV variam entre os instrumentos, mas supõe-se que a reversão esteja presente em *todas* as variáveis de IV até certo ponto. Para entender isso, primeiro pense na probabilidade de retornos de alta magnitude para quatro ativos com perfis de risco diferentes: SPY, GLD, AAPL e AMZN. Uma comparação dessas probabilidades é mostrada na Tabela 2.3.

Tabela 2.3 Taxas de retornos diários maiores que 1%, 3% e 5% em magnitude que diferentes ativos tiveram. Por exemplo, há 22% de chance de que os retornos de SPY sejam maiores que 1% ou menores que -1% em um único dia (de acordo com dados passados).

Probabilidade de Superar a Magnitude dos Retornos Diários (2015–2021)

Ativo	> 1% em Magnitude	> 3% em Magnitude	> 5% em Magnitude
SPY	22%	3%	0,8%
GLD	19%	1%	0,1%
AAPL	43%	9%	2%
AMZN	45%	10%	3%

Comparado a ativos como SPY e GLD, AMZN e AAPL são mais voláteis. Essas ações de tecnologia apresentam grandes retornos diários com

---

7   O valor para o qual a variável reverte é aproximadamente o modo em longo prazo da distribuição, ou a volatilidade que ocorreu com mais frequência historicamente.

aproximadamente três vezes mais frequência que o SPY e aproximadamente dez vezes mais que o GLD. Cada um desses ativos está sujeito a fatores de risco únicos, mas espera-se que todos tenham sinais de reversão de IV. A Figura 2.3 mostra graficamente esses perfis de volatilidade.

A Figura 2.3 demonstra como a IV tendeu a voltar a uma linha de base de longo prazo para cada um dos diferentes ativos, e isso demonstra que a incerteza elevada é *insustentável* em mercados financeiros. Podem ocorrer eventos que despertem o medo no mercado e aumentem a demanda por seguros, mas à medida que o medo inevitavelmente se dissipa e o mercado se adapta às novas condições, a IV deflaciona de volta. Esse fenômeno tem implicações significativas para os traders de opções vendidas. Como afirmado no Capítulo 1, é controverso se as premissas direcionais de preço são estatisticamente válidas ou não, pois nunca foi comprovado que o trading de acordo com as previsões de preço supera consistentemente o mercado. Assume-se que a IV eventualmente reverterá para baixo após a inflação de seu estado de volatilidade estável, ao contrário dos preços dos ativos, que se desviam de seu valor inicial com o tempo. A escala de tempo para essas contrações é imprevisível, mas isso, no entanto, indica alguma validade estatística para fazer suposições direcionais negativas sobre a volatilidade, uma vez que ela é elevada.

A Figura 2.3 também mostra como os perfis de volatilidade variam muito entre os instrumentos. Ativos mais voláteis, como ações da Apple e da Amazon, têm médias de IV maiores, o dobro daquelas de SPY e do ouro nesse caso, e experimentam eventos de expansão com mais frequência. Fatores de uma única empresa, como relatórios de lucros trimestrais, fusões pendentes, aquisições e mudanças executivas, podem causar picos de volatilidade não vistos em ativos e carteiras diversificadas. No entanto, essa maior volatilidade também vem com créditos dos prêmios vendidos mais altos e mais oportunidades de contratação de volatilidade para vendedores de prêmio.[8] Para ter um exemplo de como a propensão para expansões e contrações difere entre ações com lucros e um ETF diversificado, consulte a Figura 2.4(a)–(c). Estão marcadas as datas dos relatórios de lucros de cada ação ou a data em que a empresa reportou seus lucros trimestrais (lucro líquido após impostos).

---

8   Esses ativos–objetos podem ser usados para movimentações de ganhos, que serão discutidas no Capítulo 9.

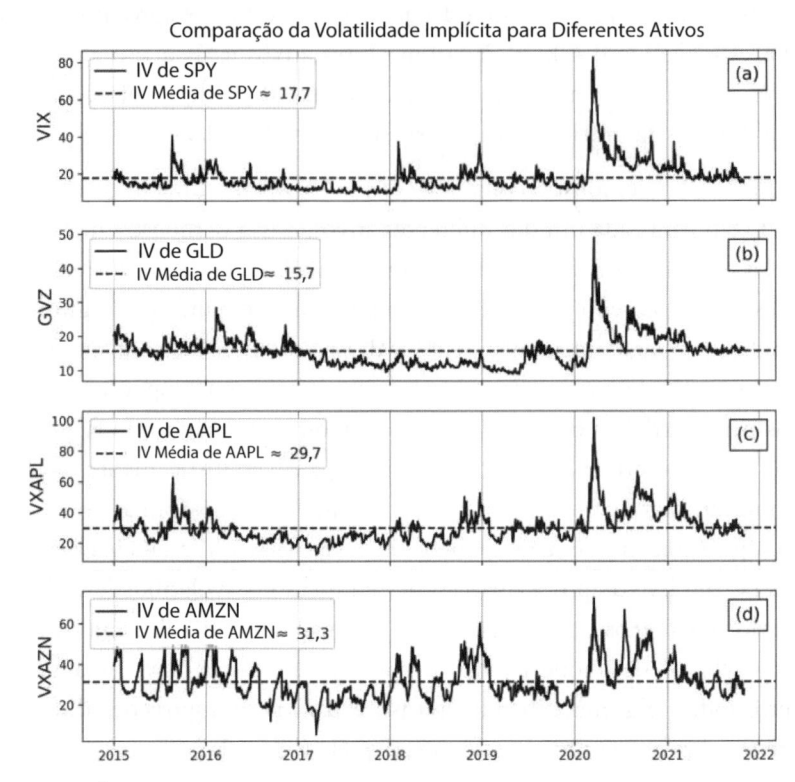

Figura 2.3 Índices de IV para diferentes ativos, com suas respectivas médias (tracejadas) de 2015 a 2021. Os ativos são (a) SPY (S&P 500 ETF), (b) GLD (ETF de commodity (ouro)), (c) AAPL (ações da Apple) e (d) AMZN (ações da Amazon).

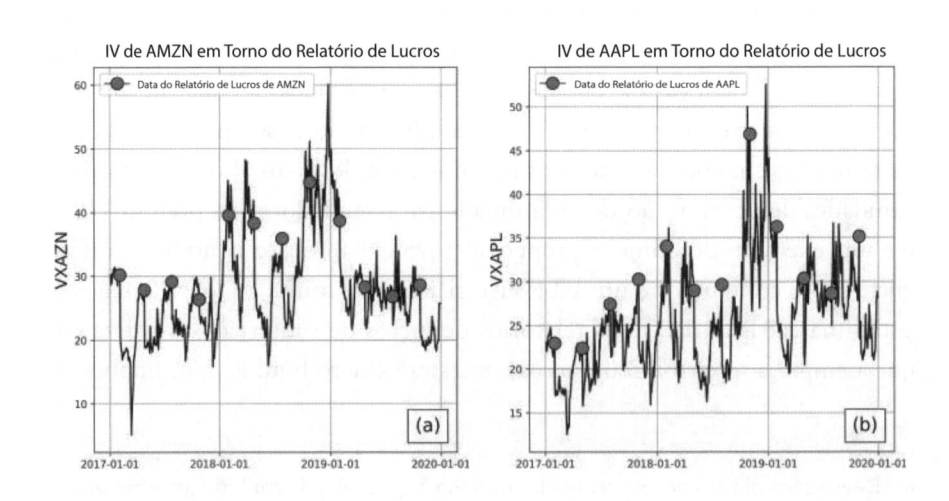

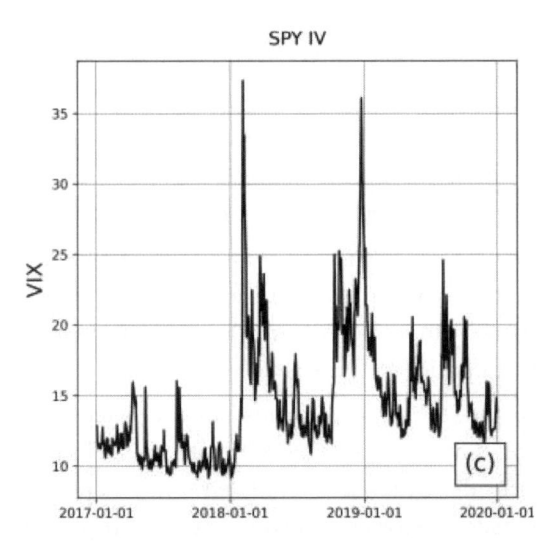

Figura 2.4 Índices de volatilidade implícita para diferentes ações de 2017 a 2020 com as datas de ganhos marcadas (se aplicável). Os ativos são (a) AMZN (ações da Amazon), (b) AAPL (ações da Apple) e (c) SPY (S&P 500 ETF).

Com ações de tecnologia como AMZN e AAPL, é comum que a IV aumente acentuadamente antes dos balanços e contraia quase imediatamente depois. O gráfico anterior mostra que a expansão acentuada da IV acontece com menos frequência com um ETF de mercado mais diversificado, como o SPY. Essas figuras indicam que quando o SPY experimenta uma expansão da volatilidade, normalmente leva muito mais tempo para contrair. De 2017 a 2020, o VIX só subiu acima de 35 pontos duas vezes e, em ambas as situações, levou cerca de meio mês para se contrair ao seu nível original. Enquanto isso, os níveis de volatilidade de AMZN e AAPL cresceram acima de 40 muitas vezes e ainda tiveram alguns picos acima de 50 pontos ou, no caso da AMZN, quase 60.

Conclusões

1. A IV é uma proxy para o sentimento de risco de mercado derivado da oferta e demanda. Quando o preço das opções aumenta, a IV aumenta; quando preço das opções diminui, a IV diminui. A IV também dá a percepção de magnitude de um movimento futuro e não é direcional.

2. A demanda por opções tende a aumentar quando a volatilidade histórica de um ativo-objeto aumenta inesperadamente, principalmente com grandes movimentos negativos. A IV tende a ser positivamente correlacionada à volatilidade histórica e negativamente ao preço, mas, em última análise, é baseada no risco de mercado *percebido*, e não diretamente nas informações de preços.

3. A IV pode ser usada para estimar a faixa de preço esperada de um instrumento. A IV fornece uma faixa *esperada* de desvio padrão porque é baseada em como o mercado está usando opções para se proteger contra períodos futuros de volatilidade.

4. Como se supõe que os retornos das ações sejam distribuídos normalmente, em teoria, há 68,2% de chance de o preço de uma ação ficar dentro de sua faixa esperada em um determinado período. No entanto, dados históricos mostram que os preços ficam em suas faixas esperadas com mais frequência do que o estimado teoricamente. Por exemplo, a IV de mercado (estimada usando a IV para SPY) superestimou o movimento realizado em 87% das vezes entre 2016 e 2021.

5. Os vendedores de opções têm a vantagem estatística de longo prazo sobre os compradores, com o trade-off da exposição a perdas improváveis e potencialmente significativas. Por ser a IV uma proxy para a demanda por opções e a inflação do prêmio, ela pode ser usada para identificar momentos oportunos para vender seguros. Os vendedores de prêmios também podem usar a IV para estruturar posições, para que elas provavelmente vençam sem valor, o resultado ideal para a posição vendida.

6. Os perfis de volatilidade diferem de forma significativa entre os ativos, mas assume-se que todas as variáveis de IV revertem para algum valor de longo prazo após desvios significativos. Em outras palavras, a IV tende a se contrair para um valor de longo prazo após expansões significativas de seu estado de volatilidade de calmaria. Esse fenômeno indica que há algum grau de validade estatística ao se fazer suposições direcionais negativas sobre a volatilidade uma vez inflada.

Capítulo 3

Trading de
Prêmio Vendido

O pções são instrumentos altamente versáteis. Podem ser usadas para cobrir o risco direcional de uma ação ou como fonte de lucros. Como mencionado no exemplo do seguro contra furacões, posições de prêmio vendido podem ser usadas para gerar lucros pequenos e consistentes para aqueles dispostos a aceitar o risco de cauda. A mecânica do trading de prêmios vendidos é sutil, mas muitos dos conceitos principais podem ser introduzidos de maneira intuitiva com algumas analogias simples a jogos de azar. Por exemplo, ao usar opções para gerar lucro (ou seja, sem mitigação de risco), o desempenho em longo prazo para opções compradas e vendidas pode ser comparado às máquinas caça-níqueis.

- **Comprar opções para lucro** é como jogar em máquinas caça-níqueis. Os apostadores que jogam muitas vezes podem conseguir o jackpot e receber uma recompensa enorme. No entanto, apesar da recompensa potencial, a maioria dos jogadores, em média, perde no longo prazo, porque vão tendo pequenas perdas na maioria das vezes. Investidores que compram opções estão apostando em grandes movimentos, muitas vezes direcionados, no ativo-objeto. Essas premissas podem estar corretas e gerar lucros significativos

ocasionalmente, mas, na maioria das vezes, os preços dos ativos-
-objetos acabam permanecendo dentro de seus intervalos esperados.
Isso resulta em perdas pequenas e frequentes em contratos não utilizados e em uma perda média ao longo do tempo.

- **Vender opções para lucro** é como ter as máquinas caça-níqueis.
  Os proprietários de cassinos têm a vantagem estatística de longo prazo
  para cada jogo e uma vantagem particularmente alta para caça-níqueis.
  Eles podem pagar grandes jackpots ocasionalmente, mas contanto que
  as pessoas joguem o suficiente e as recompensas sejam administráveis,
  elas compensam o risco assumido com lucro quase garantido no longo
  prazo. Da mesma forma, como as opções vendidas carregam risco de
  cauda, mas fornecem lucros pequenos e consistentes de superavaliação
  de volatilidade implícita (IV), elas devem, em média, ter lucro no longo
  prazo se o risco for gerenciado adequadamente.

Estratégias de prêmio comprado têm alto potencial de lucro, mas não podem ser consistentemente programadas para garantir o lucro em longo prazo.
Isso ocorre porque movimentos atípicos dos ativos–objetos e expansões de
IV que beneficiam posições de prêmio compradas estão fortemente ligados a
eventos externos (como desastres naturais ou conflitos políticos), que são relativamente difíceis de prever com segurança. Estratégias de prêmio vendido,
por outro lado, lucram com mais frequência e têm a vantagem estatística de
longo prazo se os investidores administrarem os riscos apropriadamente.

Semelhante ao proprietário de uma máquina caça-níqueis, um investidor
de prêmio vendido deve reduzir o impacto das perdas atípicas para atingir
um grande número de operações (tradings) e realizar as médias positivas de
longo prazo. Isso é feito de forma mais eficaz limitando-se o tamanho da
posição e ajustando-se a exposição da carteira de acordo com as condições
atuais do mercado. Portanto, este capítulo cobrirá os seguintes conceitos
mais amplos no trading em volatilidade:

1. Negociar em IV alta: identificar condições favoráveis para a abertura do trading de prêmio vendido.

2. Número de ocorrências: atingir o número mínimo de tradings ne-
   cessários para atingir médias de longo prazo.

3. Alocação da carteira e dimensionamento de posição: estabelecer um
   nível de risco apropriado para as condições de mercado dadas.

4. Gestão ativa e alocação eficiente de capital: entender os benefícios
   de gerenciar tradings antes do vencimento.

A IV desempenha um papel importante no trading de prêmio vendido. Lembre-se de que a IV é uma medida do *sentimento* de incerteza no mercado. É uma proxy do total de *temor* entre os compradores de prêmios (ou *entusiasmo*, dependendo da sua personalidade) e uma medida de *oportunidade* para vendedores de prêmios. Quando a incerteza do mercado aumenta, o preço dos prêmios também aumenta, e os vendedores recebem uma compensação maior pela exposição a grandes perdas. No entanto, a IV também é instrumental quando gerencia a exposição a perdas extremas e estabelece tamanhos de posições apropriados.

Contexto: Uma Observação sobre a Visualização do Risco da Opção

Ao discutir o trade-off risco-retorno do trading de prêmios vendidos, é útil contextualizar conceitos e estatísticas em relação a uma estratégia específica. Os próximos capítulos se concentrarão em uma *short strangle* (strangle vendido), uma estratégia de opções que consiste em uma call vendida out-of-the-money (OTM) e uma put vendida OTM:

- Vendido em uma Call OTM (o direito de comprar um ativo a um preço determinado) tem uma suposição direcional de baixa. O vendedor lucra quando o preço do ativo-objeto permanece abaixo do preço de exercício especificado.
- Vendido em uma Put OTM (o direito de vender um ativo a um preço determinado) tem uma suposição direcional de alta. O vendedor lucra quando o preço do ativo-objeto permanece acima do preço de exercício especificado.

Esses dois contratos se combinam e formam um estrangulamento (strangle). Esse é um exemplo de uma estratégia de *risco indefinido*, na qual a perda é ilimitada, teoricamente. A call vendida tem um risco indefinido porque o preço das ações pode aumentar indefinidamente, significando que a perda positiva potencial é desconhecida. Embora tecnicamente as posições vendidas não possam perder mais de cem vezes o preço do exercício, essa perda potencial é grande o suficiente para que também seja considerada como de risco indefinido. Estratégias de risco definido, nas quais as perdas máximas são limitadas pela construção do negócio, têm prós e contras, que serão discutidos no Capítulo 5. Para simplificar, o strangle é usado para formular a maioria dos exemplos neste livro.

Os strangles têm uma premissa direcional neutra para o vendedor do contrato, o que significa que normalmente são lucrativos quando o preço do ativo-objeto permanece dentro do intervalo definido pelos exercícios de call e put vendidas. Muitas vezes, os investidores definem os exercícios do strangle de acordo com a faixa esperada do preço do ativo-objeto (ou algum múltiplo do intervalo esperado) ao longo da duração do contrato. A faixa esperada de um desvio padrão pode ser aproximada com a volatilidade implícita atual do ativo-objeto, conforme mostrado no Capítulo 2.

Figura 3.1 O preço do SPY nos últimos 5 meses de 2019. Está incluso o movimento de cone esperado, em 45 dias, calculado a partir da IV do SPY em dezembro de 2019. As bordas do cone estão rotuladas de acordo com os exercícios apropriados para um exemplo de strangle.

A Figura 3.1 mostra que o SPY custava cerca de US$315 em dezembro de 2019, quando a IV do SPY estava em 12% (correspondendo a um nível 12 de VIX). Isso significa que era previsto que o preço para o SPY se movesse entre -4,2% e +4,2% nos 45 dias seguintes, com 68% de certeza. Isso equivale a uma previsão de 45 dias do preço do SPY ficando entre US$302 e US$328, aproximadamente. Um contrato com preço de exercício correspondendo à faixa de movimento esperada de 1σ é aproximadamente um contrato de 16Δ. Nesse cenário, uma call vendida de SPY de 45 dias até o vencimento (DTE), com um preço de exercício de US$328, é um contrato de -16Δ, aproximadamente, e uma put vendida de SPY de 45 DTE, com preço de exercício de US$302 é, aproximadamente, um contrato de 16Δ. As duas posições combinadas formam uma posição delta neutra conhecida como strangle de SPY 45 DTE 16Δ.[1]

O comprador e o vendedor de strangle estão fazendo apostas diferentes:

- O comprador de strangle assume que o preço do SPY superará a expectativa nos próximos 45 dias, positiva ou negativamente. Em termos mais específicos, o strangle comprado gera lucro se o preço do SPY aumentar significativamente acima de US$328 ou diminuir abaixo de US$302 antes do vencimento.

- O vendedor de strangle lucrará se a posição vencer quando o preço do ativo-objeto estiver dentro ou próximo do intervalo esperado, ou se a posição for encerrada quando o contrato estiver sendo negociado por um preço mais barato do que quando foi aberto (contração da IV).

Por haver uma chance de 68% do ativo-objeto permanecer em sua faixa esperada, a posição vendida tem, teoricamente, uma chance de 68% de ser lucrativa. No entanto, como o preço do ativo-objeto tende a permanecer em sua faixa esperada com mais frequência que o teoricamente previsto, o resultado é que a probabilidade de lucro (POP, em inglês) de strangles vendidos mantidos até o vencimento é muito maior.

Por exemplo, imagine as distribuições de Profit (lucro) e Loss (prejuízo) (P/L) de um strangle vendido de SPY de 45 DTE 16Δ nas Figuras 3.2(a)–(c). Essas distribuições foram geradas usando-se dados históricos de opções e são úteis para visualizar o risco-retorno em longo prazo e os resultados prováveis trade a trade para esse tipo de contrato. Cada ocorrência no histograma corresponde à P/L final de um strangle vendido mantido até o vencimento.[2] A P/L pode ser representada como um valor bruto em dólares ou como uma

---

1   Esses são exercícios aproximados para o strangle de SPY 16Δ, calculados usando-se a equação do Capítulo 2. Os exercícios reais para um strangle de SPY 16Δ são calculados usando-se estimativas mais complexas para a faixa esperada, que serão abordadas no apêndice.

2   É difícil fazer uma compensação direta entre retornos de ações e P/Ls de opções porque esses instrumentos operam em diferentes escalas de tempo A opção análoga mais próxima de uma distribuição de retorno de ações é uma distribuição para P/Ls finais de uma estratégia específica.

porcentagem do crédito inicial (a fração do prêmio da opção que o vendedor acabou mantendo).[3]

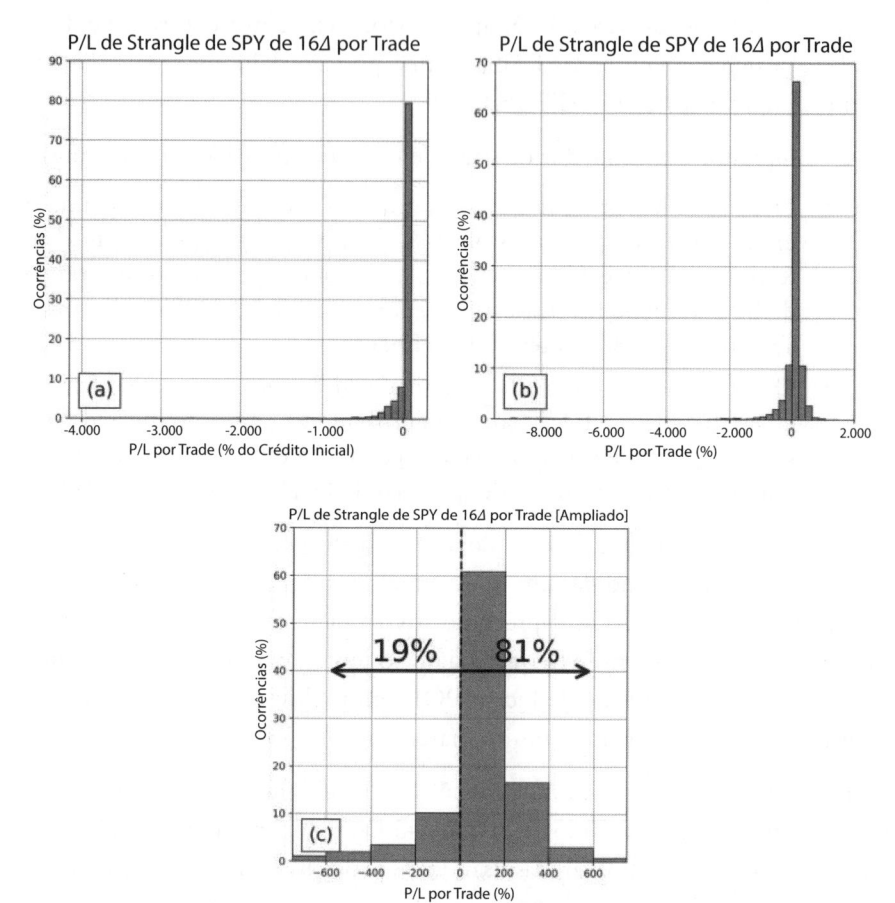

Figura 3.2 (a) Distribuição histórica de P/L (% do crédito inicial) para strangles vendidos de SPY 45 DTE 16Δ, mantidos até o vencimento, de 2005 a 2021. (b) Distribuição histórica de P/L (US$) para strangles vendidos de SPY 45 DTE 16Δ, mantidos até o vencimento, de 2005 a 2021. (c) A mesma distribuição que em (b), mas ampliada perto de US$0. A porcentagem de ocorrências em ambos os lados de US$0 foi rotulada.

---

3   As estatísticas representadas como porcentagem do crédito inicial são mais represen- tativas dos valores em longo prazo do que aquelas representadas em dólares. Os preços das ações flutuam com o tempo, o que significa que os preços de suas opções também. Normalizar as estatísticas de P/L por crédito inicial as torna mais robustas a mudanças no tempo, mas também torna as comparações entre estratégias menos intuitivas. Este livro geralmente representa estatísticas de opções em dólares, mas lembre-se de que essas estatísticas são calculadas em intervalos de tempo bastante longos.

A Figura 3.2(c) mostra que 81% das ocorrências é *positiva* e somente 19% é *negativa*. Isso significa que essa estratégia historicamente lucrou 81% das vezes e só teve perda em 19% do período, bem mais do que a POP de 68% que a teoria simplificada sugere. No longo prazo, essa estratégia foi *lucrativa* e teve uma média de P/L de US$44 (ou 28% do crédito inicial) por trading. No entanto, repare que as distribuições de P/L para essa estratégia são altamente assimétricas e carregam um risco de cauda significativo. Como mostrado na Figura 3.2(a), essas caudas de perda são improváveis, mas podem chegar a -1.000% ou até -4.000% do crédito inicial. Em outras palavras, se um investidor recebe US$100 de crédito inicial por vender um strangle de SPY, há uma pequena chance de perder mais de US$4.000 nesse trading, de acordo com o comportamento histórico. Esse é o trade-off para as POPs das estratégias de prêmio vendido.

A possibilidade de perdas atípicas não deve ser surpreendente, porque fazer um trading de prêmio vendido é apostar contra grandes e inesperadas oscilações de preço. Para um ativo relativamente estável como o SPY, esses tipos de oscilações raramente acontecem. Quando acontecem, as coisas podem fugir do controle rapidamente, como o que ocorreu durante a recessão de 2008 ou a crise de 2020. Consequentemente, as metas mais importantes para um investidor de prêmio vendido são lucrar de forma consistente o suficiente para cobrir perdas moderadas e mais prováveis e construir uma carteira que possa sobreviver a essas perdas extremamente improváveis.

Contexto: Uma Nota Sobre a Quantificação de Risco da Opção

Aproximar o risco histórico de uma ação ou fundo negociado em bolsa (ETF) é relativamente simples. As distribuições de log-retornos de ações são bastante simétricas e se assemelham a uma distribuição normal, justificando assim que o desvio padrão dos retornos (volatilidade histórica) seja usado para aproximar o risco histórico. No entanto, uma distribuição de P/L de opção vendida é altamente assimétrica e sujeita a um risco substancial atípico. Devido a esse perfil de risco mais complexo, usar o desvio padrão de P/L da opção como uma proxy solitária para o risco deturpa *significativamente* o verdadeiro risco da estratégia. Portanto, as seguintes métricas serão usadas para discutir mais detalhadamente o risco de opções vendidas: desvio padrão de P/L, assimetria e valor condicional em risco (CVaR).[4]

O desvio padrão de P/L abrange o intervalo em que a *maioria* das P/Ls finais se enquadram historicamente para uma determinada estratégia. O desvio padrão para estratégias financeiras é comumente interpretado em relação à distribuição normal, na qual um desvio padrão representa 34% da distribuição em ambos os lados da média. Para distribuições de P/L de opções, no entanto, o desvio padrão de P/L normalmente é responsável por mais de 68% do total de ocorrências, e a densidade de ocorrências não é simétrica em relação à média. De novo, imagine uma distribuição de P/L para um strangle vendido de SPY de 45 DTE 16Δ.

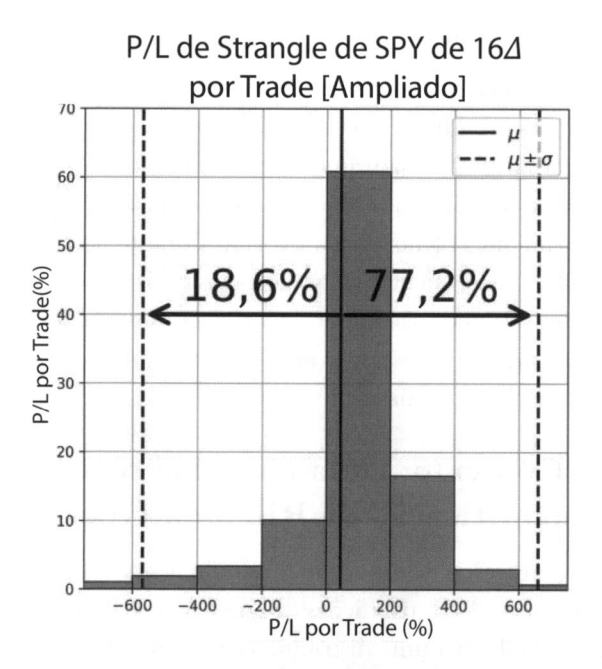

Figura 3.3 Distribuição histórica de P/L (US$) para strangles de SPY de 45 DTE 16Δ, mantidos até o vencimento, de 2005 a 2021. A distribuição foi ampliada perto da linha média (linha sólida) e a porcentagem de ocorrências dentro de ±1σ da média foi rotulada.

---

4 Estas são métricas de risco past-looking (que olham para trás). As métricas de risco foward-d-looking (que olham para frente) incluem volatilidade implícita e redução do poder de compra (BPR, em inglês), que serão abordadas no capítulo seguinte. As métricas foward-d-looking são o foco deste livro e mais relevantes no trading aplicado, mas as métricas past-looking ainda são incluídas para fins de completude e instrução.

Para strangles de SPY de 45 DTE 16Δ de 2005 a 2021, a média de P/L foi de US\$44, e o desvio padrão de P/L, US\$614. Como mostrado na Figura 3.3, a faixa de desvio padrão é responsável por quase 96% de todas as ocorrências, significativamente mais do que a faixa de $\pm 1\sigma$ para a distribuição normal. Além disso, como a distribuição é altamente assimétrica, P/Ls na faixa de –1σ são menos prováveis do que P/Ls na faixa de +1σ. Devido a esses fatores, a interpretação do desvio padrão como medida de risco deve ser ajustada. O desvio padrão *superestima* a magnitude das perdas mais prováveis (por exemplo, uma perda de US\$500 é improvável, mas a faixa de desvio padrão não esclarece isso) e não considera o risco de cauda negativo. Ele produz uma faixa para os lucros e perdas *mais prováveis* em uma base de trade a trade para uma determinada estratégia. Portanto, os investidores geralmente podem formar expectativas de P/L mais confiáveis para estratégias com um desvio padrão de P/L mais baixo.

A assimetria e o CVaR são usados para estimar o risco de cauda histórico de uma estratégia. Como abordado no Capítulo 1, a assimetria mede o quanto uma distribuição é assimétrica. Estratégias com uma ampla magnitude de assimetria negativa em suas distribuições de P/L têm maior histórico de exposição a perdas atípicas. O CVaR dá uma estimativa de perda potencial de uma posição em determinado período com um nível de probabilidade específico, baseado no comportamento histórico. O CVaR pode ser usado para aproximar a magnitude de uma perda esperada no pior caso e contextualizar a assimetria. Por exemplo, imagine os dois strangles vendidos descritos na Tabela 3.1.

Tabela 3.1 Dois exemplos de strangles vendidos. Para o Strangle A, o CVaR estima perdas de, ao menos, US\$200 no máximo de 5% do tempo. Neste exemplo, o prazo para essa perda não foi especificado, mas pode-se supor que seja idêntico para ambas as estratégias.

Fatores de Risco	Strangle A	Strangle B
Assimetria	–5,0	–1,0
CVaR (5%)	–US\$200	–US\$2.000

O Strangle A tem uma magnitude maior de assimetria negativa, indicando que essa estratégia é mais suscetível ao risco de cauda e perdas atípicas em comparação com o Strangle B. No entanto, há dez vezes mais capital em risco em um cenário de perda extrema para Strangle B em comparação com o Strangle A, talvez porque o ativo-objeto do Strangle B seja mais caro. Em termos gerais, as estratégias com menos assimetria são preferíveis, por serem menos suscetíveis a perdas grandes e imprevisíveis e terem um desempenho mais consistente. No entanto, a negociação ideal depende, em última análise, da quantidade aceitável de capital em risco por negociação, de acordo com as preferências pessoais do investidor.

Repare também que é difícil modelar com precisão eventos de perda atípica, porque eles raramente acontecem. As distribuições de P/L podem dar uma *ideia* da magnitude de perdas extremas, mas essas estatísticas são calculadas em uma ampla gama de condições de mercado e ambientes de volatilidade. Elas não são necessariamente representativas do risco atípico do momento. A redução do poder de compra (BPR), que será abordada no próximo capítulo, produz uma estimativa para a perda de pior caso de um trading, de acordo com as condições atuais do mercado. Parecida com a volatilidade implícita, a BPR é uma métrica foward-looking (prospectiva, em português), projetada para abranger o escopo mais provável de perdas para uma posição de risco indefinido.

Negociando na IV Alta

Vender o prêmio somente na alta da IV vem com várias vantagens. Antes de abordar isso, há sutilezas a serem observadas ao avaliar "quão alta" é a IV de um ativo. Contextualizar a IV atual para um ativo como o SPY é um tanto simples, porque ele tem um índice de IV bem conhecido e amplamente disponível. Historicamente, o VIX variou de aproximadamente 10 para 90 pontos, tem uma média de aproximadamente 18, está tipicamente abaixo de 20 e raramente supera 40. Portanto, um investidor pode interpretar intuitivamente um nível de 15 como bastante baixo e um nível de 35 como bastante alto em relação ao comportamento em longo prazo do VIX. Mas como os investidores contextualizam a IV atual em relação a uma escala de tempo mais curta, como o ano passado? E como contextualizam a IV atual para um índice IV menos popular, com um perfil de risco totalmente diferente? Por exemplo, 35 é alto para o VXAZN, o índice de IV para AMZN?

Uma forma de medir o grau de elevação de IV em relação a alguma escala de tempo é converter a volatilidade implícita bruta em uma medida relativa, como o IV Percentil (IVP). O IVP é a porcentagem de dias no ano anterior em que a IV estava *abaixo* do nível de IV atual, calculada com a equação a seguir. Repare que 252 é o número de dias de trading em um ano.

$$\text{IVP} = \cfrac{\substack{\text{Número de dias no ano anterior} \\ \text{com IV abaixo da IV atual}}}{252} \qquad (3.1)$$

O IVP varia de 0% a 100%, com um número mais alto indicando uma IV relativa mais alta. Essa métrica normaliza a IV bruta para colocar o nível atual em contexto e, ao contrário da IV bruta, é comparável entre os ativos. Por exemplo, imagine os índices de IV bruta e os valores correspondentes de IVP para SPY e AMZN mostrados na Figura 3.4.

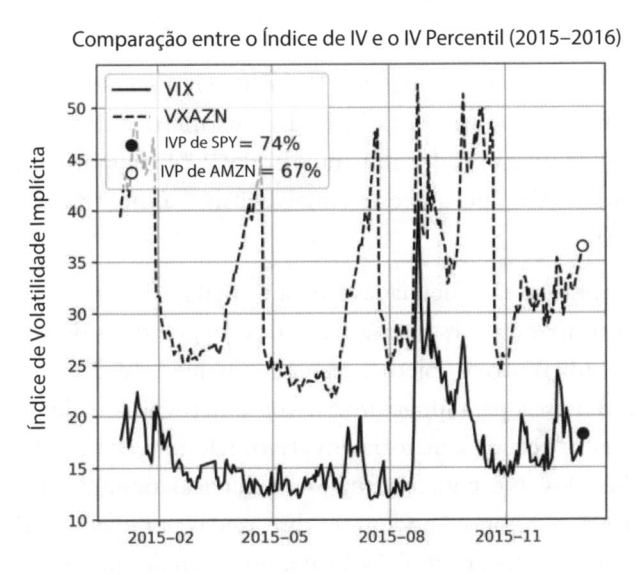

Comparação entre o Índice de IV e o IV Percentil (2015–2016)

Figura 3.4 O VIX (linha) e o VXAZN (tracejado) de 2015 a 2016. Na legenda, estão os valores do IVP para cada índice ao final de 2015. Quando o VIX tinha aproximadamente 18, o SPY tinha um IVP de 74%, e quando o VXAZN estava próximo de 36, o AMZN tinha um IVP de 67%.

No final de 2015, o VIX estava perto de sua média de longo prazo de 18 pontos e teria sido considerado baixo. No entanto, a IV de mercado ficou abaixo da média na maior parte de 2015, e um nível de VIX de 18 foi superior a quase 74% das ocorrências do ano anterior. Um IVP de SPY de 74% indica que a IV está bastante elevada em relação às condições recentes de mercado, sugerindo que a volatilidade pode se contrair após esse período de expansão. Comparativamente, o índice de volatilidade de AMZN ao final de 2015 foi 37. Foi significativamente mais alto do que o VIX na época, mas, na verdade, *menos elevado* em relação ao seu histórico de volatilidade do ano anterior, de acordo com o IVP de AMZN de 67%. SPY e AMZN têm perfis de volatilidade dramaticamente diferentes, com o VXAZN frequentemente excedendo 35 e o VIX raramente o fazendo. Isso torna a IV bruta uma métrica ruim para comparar a volatilidade relativa, e uma métrica como o IVP se torna necessária.

Outra métrica de volatilidade relativa comumente usada é o IV Rank (IVR), que compara o nível de IV atual com a faixa histórica de volatilidade implícita do ativo-objeto. É calculada de acordo com a seguinte fórmula:

$$IVR = \frac{\text{IV atual} - \text{IV mín. no ano passado}}{\text{IV máx. no ano passado} - \text{IV mín. no ano passado}} \quad (3.2)$$

Similar ao IVP, o IVR normaliza a IV bruta em uma escala de 0% a 100% e é comparável entre os ativos. O IVR dá uma métrica direta melhor para avaliar o preço de uma opção, comparado ao IVP. No entanto, o IVP é mais robusto do que o IVR, porque este é mais sensível a movimentos atípicos e propenso a distorções.

Ambas as métricas são adequadas para a tomada de decisões práticas porque auxiliam os investidores na avaliação dos níveis atuais de volatilidade e na seleção de um(a) ativo-objeto/estratégia adequado(a) a essas condições. Elas também são úteis para identificar ativos-objetos adequados com IV alta para uma carteira, porque a maioria dos ativos não tem índices de volatilidade bem conhecidos. No entanto, ambas as métricas são um tanto instáveis, sensíveis à escala de tempo e podem ser distorcidas por eventos atípicos prolongados, como grandes crises. A IV bruta, presumindo que as características do perfil de volatilidade são bem compreendidas, geralmente é a de que uma métrica mais estável e confiável para analisar tendências em longo prazo. Como a maioria dos estudos neste livro usa SPY como ativo-objeto de base e abrange vários anos, a IV bruta será usada no lugar de uma métrica relativa.

Como mencionado anteriormente, negociar prêmios vendidos quando a IV está alta vem com o benefício adicional de créditos maiores e um maior potencial de lucro para os vendedores. Isso é mostrado na Figura 3.5, que inclui créditos médios para strangles de SPY 16Δ, de 2010 a 2020, em diferentes ambientes de volatilidade.

Negociar prêmios vendidos na alta da IV é uma forma efetiva de capitalizar preços de prêmio mais altos e a maior probabilidade de uma contração significativa da volatilidade. Negociar quando os créditos são mais altos significa também que as perdas comuns tendem a ser maiores (como uma quantia em dólar), mas a exposição ao risco atípico, na verdade, tende a ser *menor* quando a IV é elevada em comparação com quando está mais próxima do equilíbrio. Isso parece ser contraintuitivo: se a incerteza do mercado for elevada e houver maior risco percebido, as estratégias de prêmio vendido não acarretariam mais risco atípico? Embora os movimentos no ativo-objeto tendam a ser mais dramáticos quando a IV é alta, o intervalo esperado se ajusta para levar em conta a nova volatilidade quase imediatamente, o que, em muitos casos, reduz o risco de uma perda atípica. Para entender isso, veja as Figuras 3.6(a) e (b), que mostram perdas extremas de strangles de SPY 16Δ de 2005 a 2021, com ênfase na recessão de 2008.

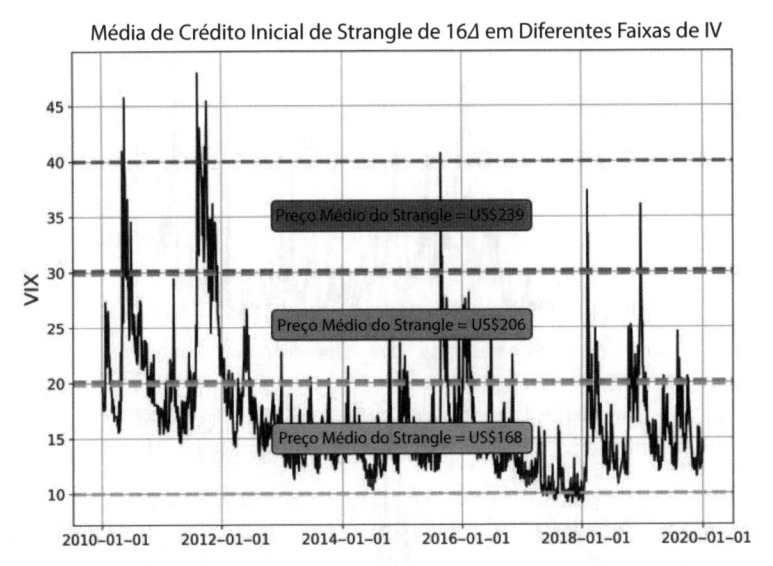

Figura 3.5 IV do SPY de 2010 a 2020. Os preços médios para strangles de SPY de 45 DTE 16Δ estão marcados em diferentes níveis VIX: 10–20, 20–30 e 30–40. Quando o VIX estava entre 30 e 40, o crédito médio inicial por lote de strangle SPY 16Δ era em torno de 42%, maior do que quando o VIX estava entre 10 e 20.

Um strangle SPY 16Δ raramente tem perda superior a US$1.000. De 2005 a 2021, isso ocorreu em menos de 1% das vezes. No entanto, *84%* dessas perdas aconteceram quando o VIX estava abaixo de 25. Durante a expansão inicial da IV na recessão de 2008 (final de agosto, início de outubro), os strangles tiveram essas perdas enormes em aproximadamente 56% das vezes. Repare na Figura 3.6 que essas perdas extremas foram limitadas à expansão inicial da IV (quando o VIX aumentou aproximadamente de 20 para 35). Isso porque o mercado não estava antecipando os grandes movimentos negativos da recessão, como refletido pelo VIX próximo de sua média de longo prazo de 18. Por conta da ocorrência dessas grandes oscilações quando a faixa de movimento esperado era apertada, a volatilidade histórica do mercado superou em muito sua faixa esperada, e strangles comprados foram altamente rentáveis. Uma vez que a incerteza do mercado se ajustou às novas condições e os créditos iniciais e intervalos esperados aumentaram para refletir os riscos percebidos, as perdas atípicas para strangles vendidos diminuíram.

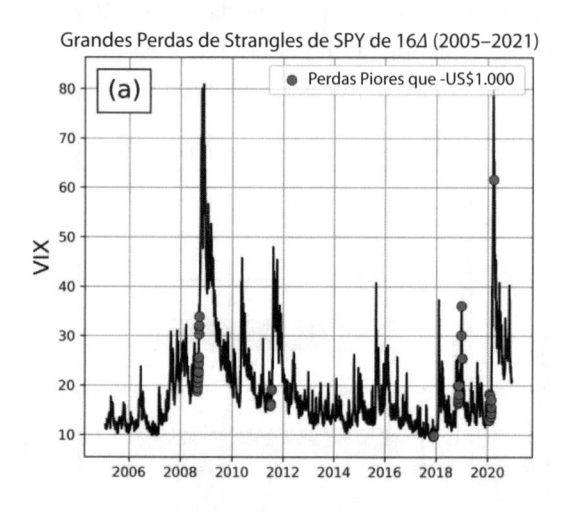

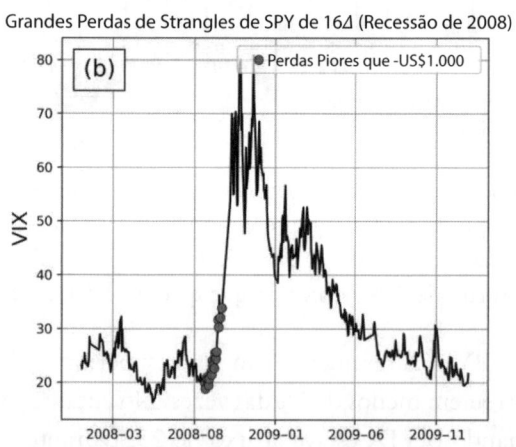

Figura 3.6 (a) IV de SPY de 2005–2021. Estão marcadas as perdas extremas de strangles de SPY de 45 DTE 16Δ mantidos até o vencimento, significando perdas maiores que US$1.000. (b) Mesma figura mostrada em (a), mas focada em 2008–2010, durante a recessão de 2008.

Esses períodos inesperados de alta volatilidade de mercado são a fonte primária de perdas extremas para posições de prêmio vendido. Esses eventos tipicamente acontecem quando há grandes oscilações de preços no ativo-objeto e a faixa esperada de movimento é apertada (IV baixa). Esses eventos de expansão extrema são raros, e o trading de prêmios vendidos quando a IV está elevada tende a reduzir esse tipo de exposição. Outra forma de demonstrar esse conceito é considerar o total de assimetria na distribuição de P/L do strangle de SPY 16Δ em diferentes níveis de IV.

As Figuras 3.7(a)–(d) ilustram que essas distribuições de P/L têm menos assimetria negativa e cauda de perda menor quando a IV aumenta. Isso significa que, historicamente, a exposição ao risco de cauda negativo foi muito maior quando o VIX estava mais próximo da extremidade inferior de sua faixa em comparação com quando já havia expandido.

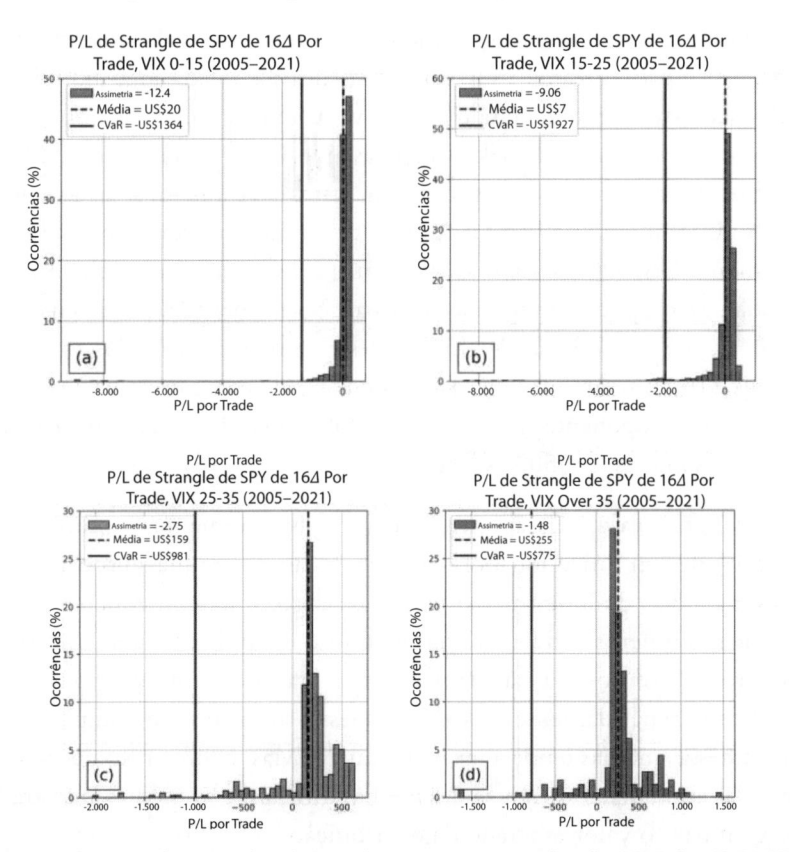

Figura 3.7 Distribuições históricas de P/L para strangles de SPY de 45 DTE 16Δ, mantidos até o vencimento, de 2005 a 2021: (a) Ocorrências nas quais o VIX está

entre 0 e 15 (1.603 ocorrências). (b) Ocorrências nas quais o VIX está entre 15 e 25 (1.506 ocorrências). (c) Ocorrências nas quais o VIX está entre 25 e 35 (416 ocorrências). (d) Ocorrências nas quais o VIX está acima de 35 (228 ocorrências).

A distribuição de P/L se torna mais simétrica conforme a IV aumenta, o que é indicado pela magnitude decrescente da assimetria negativa. Isso significa que condições de IV mais alta facilitam expectativas de lucros e perdas mais confiáveis do que condições de IV mais baixa. Como observação importante, repare que havia significativamente menos ocorrências quando o VIX era superior a 35 (algumas centenas de ocorrências), comparado a quando o VIX estava entre 0 e 25 (milhares de ocorrências). Isso nos leva ao próximo ponto a ser considerado: com que frequência se deve negociar?

Número de Ocorrências

As mesas de jogo nos cassinos geralmente delimitam um valor máximo para as apostas. A casa tem uma vantagem estatística para cada jogo no cassino, mas não necessariamente lucrará com essa vantagem, a menos que os clientes apostem *com frequência*. No black jack, a casa tem uma vantagem de 0,5%, se a estratégia do jogador for estatisticamente otimizada. Então, se os jogadores apostarem US$100 mil no black jack durante a noite, eles devem perder aproximadamente US$500 para a casa após um número suficientemente grande de rodadas. Se o oponente jogar dez mãos a US$10 mil cada, pode vencer em oito, três ou até em todas as dez mãos. Nesse caso, a variação dos resultados potenciais é bastante grande, e o cassino pode ter de pagar prêmios bem altos. No entanto, se o oponente joga mil mãos a US$100 cada, é mais provável que a perda dele some os US$500 esperados.

Ao limitar o valor das apostas, o cassino visa aumentar o número de ocorrências de um único jogador, para que a casa tenha mais probabilidade de atingir médias de longo prazo para cada jogo, uma consequência da lei dos grandes números e do teorema do limite central. Quando um *pequeno* número de eventos é aleatoriamente amostrado de uma distribuição de probabilidade repetidamente e as médias dessas amostras são comparadas, a variância dessas médias tende a ser bem grande. Mas, conforme o número de ocorrências aumenta, a variância das médias diminui e as médias amostradas convergem para o valor esperado da distribuição.[5]

---

5   Especificamente, o desvio padrão da média de n ocorrências independentes é $1/\sqrt{n}$ vezes o valor do desvio padrão de uma única ocorrência.

Assim como o cassino visa alcançar a vantagem em longo prazo das mesas de jogo limitando os valores das apostas e aumentando o número de jogadas, os investidores de prêmio vendido devem fazer vários tradings pequenos para maximizar suas chances de realizar as médias positivas esperadas em longo prazo das estratégias de prêmios vendidos. Para mostrar por que isso é tão importante, consulte novamente a distribuição de P/L do strangle de SPY de 16Δ.

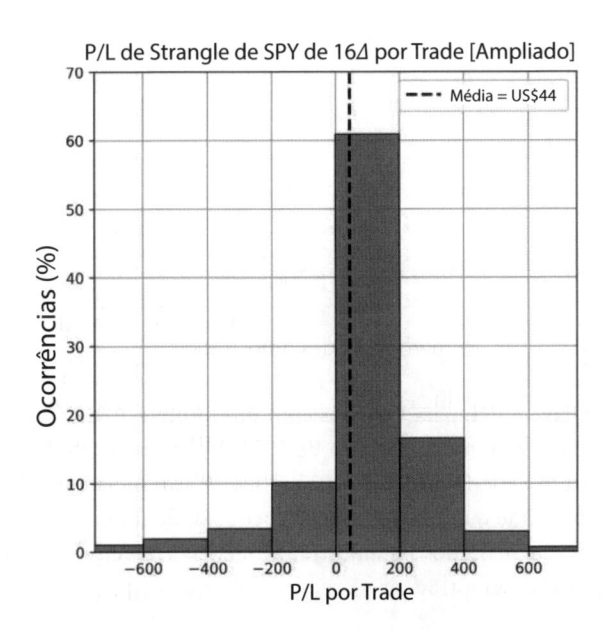

Figura 3.8 Distribuição histórica de P/L para strangles de SPY de 45 DTE 16Δ, mantidos até o vencimento, de 2005 a 2021. A linha pontilhada é a média em longo prazo de P/L para essa estratégia.

Essa estratégia, mostrada na Figura 3.8, tem uma média de P/L por trade de quase US$44 e uma POP de 81%. No entanto, essas médias de longo prazo foram calculadas usando-se aproximadamente 3.750 tradings. Calcular médias com um grande conjunto de dados fornece a menor quantidade de erro estatístico, mas não modela as ocorrências que os investidores de varejo podem alcançar de forma realista. Que P/L os investidores de prêmio vendido teriam em média se fizessem apenas dez negócios de 2005 a 2021? Ou cem negócios? Quinhentos? A Figura 3.9 mostra um gráfico de médias de P/L para um conjunto amostral de carteiras, cada uma com um número diferente de negócios selecionados aleatoriamente da distribuição de P/L do strangle de SPY 16Δ.

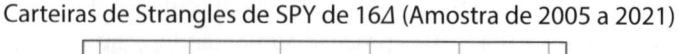

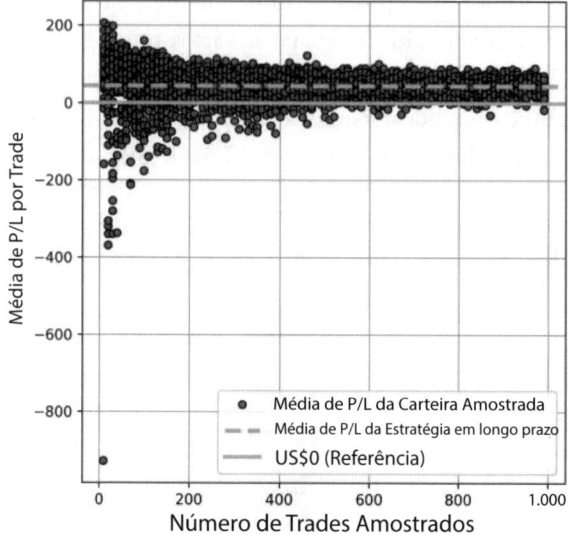

Figura 3.9 Médias de P/L para carteiras com um número N de trades, amostradas aleatoriamente da distribuição histórica de P/L para strangles de SPY de 45 DTE 16Δ, mantidos até o vencimento, de 2005 a 2021. A variância entre a média dessas carteiras é muito grande quando um número pequeno de tradings é colhido. Quando mais tradings são incluídos na amostra, as médias convergem para a média de P/L de longo prazo dessa estratégia.

Como você pode ver, quando um número pequeno de trades é amostrado, por exemplo, dez, a média de P/L varia de aproximadamente -US\$900 para US\$200. Isso significa que se dois investidores negociaram aleatoriamente dez strangles vendidos de 2005 a 2021, um investidor pode ter lucrado US\$2 mil, e o outro pode ter perdido US\$9 mil. Conforme o número de ocorrências aumenta, a variância das médias de P/L entre essas amostras de carteiras diminui e as médias convergem para o valor esperado dessa estratégia em longo prazo. Em outras palavras, se dois investidores negociassem aleatoriamente mil strangles vendidos de 2005 a 2021, seria bastante provável que ambos tivessem uma média de P/L próxima a US\$44 por tradings, a média histórica de P/L dessa estratégia em longo prazo.

O número de ocorrências é um fator crítico para alcançar médias de longo prazo, e o número mínimo de ocorrências necessário varia com o desvio padrão de P/L específico da estratégia. Para propósitos práticos, é necessário um mínimo de aproximadamente duzentas ocorrências para alcançar as médias de longo prazo, e quanto mais, melhor. Isso coloca os investidores de prêmio vendido em uma situação difícil, porque, embora negociar prêmio vendido na IV alta seja o ideal, ambientes de IV alta são muito incomuns, conforme mostrado na Tabela 3.2.

Tabela 3.2 A frequência com que o VIX caiu em um determinado intervalo, de 2005 a 2021.

Dados do VIX (2005 a 2021)

Intervalo do VIX	% de Ocorrências
0–15	43%
15–25	40%
25–35	11%
35+	6%

O VIX está na extremidade inferior de sua faixa 43% do tempo e abaixo de 18,5, sua média de longo prazo, na maioria das vezes. De 2005 a 2021, o VIX apenas esteve acima de 35 aproximadamente 6% das vezes, o que não deixa muita margem para trading de prêmio vendido em IV muito alta. Para otimizar a probabilidade de atingir os valores favoráveis esperados dessa estratégia em longo prazo, é claramente necessário negociar em condições não ideais e de baixa volatilidade. A próxima seção abordará como negociar em todas as condições de mercado enquanto se mitiga o risco atípico em ambientes de baixa volatilidade, especificamente mantendo tamanhos de posição pequenos e limitando o capital exposto a perdas atípicas.

Alocação de Carteira e Dimensionamento de Posição

Na prática, os investidores de prêmio vendido devem encontrar um equilíbrio entre a exposição a grandes perdas e a obtenção de um número suficiente de ocorrências. Negociar na alta da IV tende a ter menos exposição ao risco atípico em comparação com o negócio na baixa da IV, mas negociar na baixa ainda é lucrativo, em média. Ao contrário das ações compradas, que só são lucrativas em condições de alta, as opções vendidas podem lucrar em condições de alta, baixa e neutra e abrangem todos os ambientes de volatilidade. Para o strangle de SPY de 16Δ, de 2005 a 2021, por exemplo, a maioria das ocorrências foi lucrativa em todas as faixas de IV. (Ver Tabela 3.3.)

Tabela 3.3 A média de P/L das POPs em diferentes faixas de IV para strangles de SPY de 45 DTE 16Δ, mantidos até o vencimento, de 2005 a 2021.

Dados de Strangle de SPY de 16Δ (2005 a 2021)

Faixa do VIX	POP	Média de P/L
0–15	82%	US$20
15–25	78%	US$7
25–35	86%	US$159
35+	89%	US$255

Ao negociar estratégias de opções vendidas em todos os ambientes de IV, os lucros se acumulam de forma mais consistente e o número mínimo de ocorrências é mais alcançável. Para gerenciar a exposição a riscos atípicos em todos esses ambientes, é *essencial* manter pequenos os tamanhos das posições e limitar o valor total do capital da carteira alocado para posições de prêmio vendido, que podem ser dimensionadas de acordo com o risco atípico atual. A porcentagem do capital da carteira alocado para estratégias de prêmio vendido deve ter uma faixa, normalmente, de 25% a 50%, com o capital restante mantido em dinheiro ou em um investimento passivo de baixo risco.[6] Isso porque alocar menos de 25% limita demais o crescimento positivo, enquanto alocar mais de 50% pode não deixar capital suficiente para uma carteira se recuperar de um evento de perda atípica. Como a exposição ao risco atípico tende a ser maior quando a IV é baixa, reduzir a alocação em uma IV baixa protege o capital da carteira da cauda de exposição de volatilidade do mercado inesperada. Quando a IV sobe, aumentar a alocação de capital de prêmio vendido melhora o potencial de lucrar com créditos mais altos, lucros maiores e risco atípico reduzido.

---

6 Mais especificamente, o capital de carteira aqui referido é o poder de compra da carteira, que apresentaremos no capítulo seguinte.

Tabela 3.4 Diretrizes para a alocação de capital de carteira de acordo com a IV de mercado.

Alcance do VIX	Alocação Máxima da Carteira
0–15	25%
15–20	30%
20–30	35%
30–40	40%
40+	50%

Uma carteira não deve ser excessivamente concentrada em estratégias de opções vendidas para as condições de mercado dadas, e o capital alocado para prêmio vendido *também* não deve ser excessivamente concentrado em uma única posição. Uma posição apropriadamente dimensionada não deve ocupar mais que entre 5% e 7% do capital da carteira. A porcentagem exata varia, dependendo das estratégias de POP usadas, e isso será abordado com mais detalhes no Capítulo 8.

Para entender por que é crucial limitar a exposição do capital e vantajoso dimensionar a alocação da carteira de acordo com a IV, imagine o pior cenário: a crise de 2020. Ela produziu perdas históricas para posições de prêmio vendido. Do final de fevereiro ao final de março de 2020, o preço do SPY despencou aproximadamente 34%. Para strangles de SPY de 45 DTE 16Δ, as perdas mais extremas registradas para a posição ocorreram durante aquele período. Um strangle de SPY de 16Δ aberto em 14 de fevereiro de 2020 e vencendo em 20 de março do mesmo ano teve P/L por lote de aproximadamente -US\$8,974, a pior perda registrada em dezesseis anos para esse tipo de contrato. Se os investidores alocassem diferentes porcentagens de uma carteira de US\$100 mil para strangles vendidos de SPY começando com essa perda de pior cenário, como essas carteiras se comportariam em condições normais de mercado em comparação com condições altamente voláteis, como a crise de 2020? Compare três estratégias de alocação de carteiras: alocação por diretrizes de IV (25 a 50%), uma alocação mais conservadora (constante em 15%) e uma mais agressiva (constante em 65%).[7]

---

7   Este é um backtest muito simplificado e deve ser entendido com cautela. Essas carteiras são altamente concentradas em uma única posição e não incorporam estratégias de gestão complexas. As opções são muito sensíveis a mudanças em escala de tempo, significando que uma carteira concorrente, com strangles abertos em dias um pouco diferentes, fechados em dias ou durações ligeiramente diferentes, pode ter um desempenho bem diferente dos mostrados aqui. Esses backtests mostram um resultado específico e servem para comparar o risco de diferentes porcentagens de alocação de forma um para um.

Sem surpresa, as carteiras têm desempenhos marcadamente diferentes em condições regulares em comparação com a crise de 2020. De 2017 a fevereiro de 2020, a carteira agressiva superou dramaticamente a carteira conservadora e a alocada por IV. Durante esse período de três anos, a carteira conservadora cresceu 13%, a alocada por IV, 28%, e a agressiva, 78%. Comparativamente, de 2017 a 2020, o SPY cresceu 50%. Isso significa que uma carteira de US$100 mil totalmente alocada para ações do SPY teria superado a carteira conservadora e a alocada em IV, mas teria um desempenho inferior ao da carteira agressiva, embora exigisse significativamente mais capital do que qualquer uma delas.

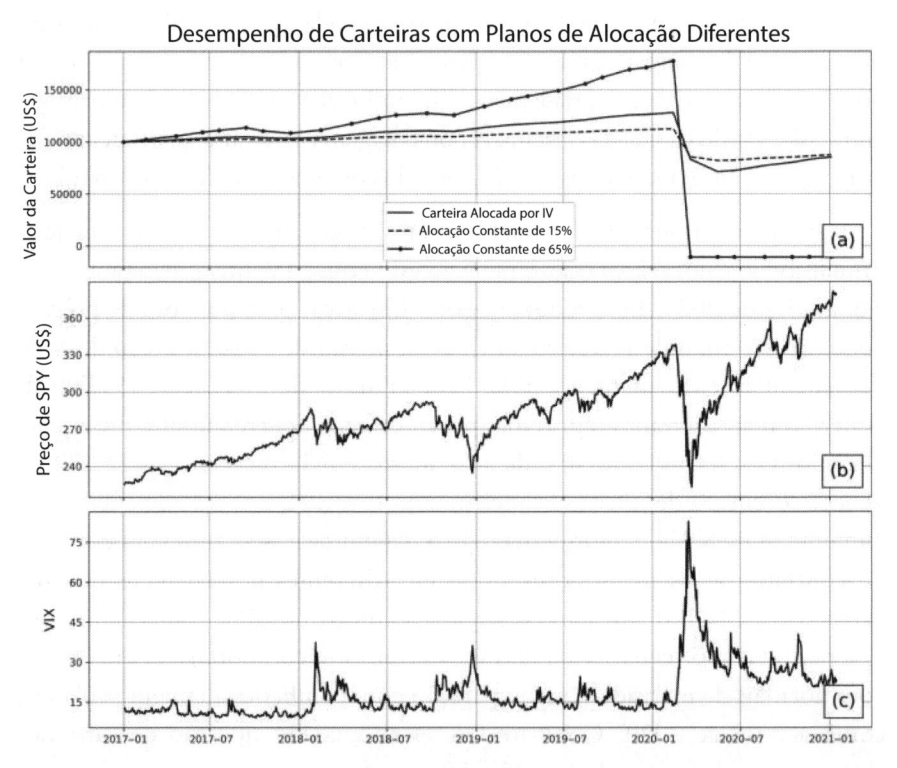

Figura 3.10 (a) Desempenhos de 2017 a 2021, durante a crise de 2020. Cada carteira tem diferentes quantidades de capital alocado para strangles de SPY de 45 DTE 16Δ, aproximadamente, encerrados no vencimento e reabertos no início do ciclo de vencimento. As carteiras são: (a) alocada por IV (sólida), conservadora (tracejada) e agressiva (pontilhada). (b) Preço do SPY de 2017 a 2021. (c) VIX durante o mesmo período.

Após o início das condições de mercado altamente voláteis de 2020, a carteira agressiva altamente exposta foi imediatamente eliminada. As carteiras conservadora e alocada por IV também foram impactadas por perdas significativas e diminuíram 35% e 24%, respectivamente, de fevereiro a março de 2020. Em todos os cenários anteriores, cada carteira experimentou algum grau de perda durante as condições extremas de mercado da crise de 2020. É importante reparar que as carteiras com menor exposição de capital e concentração de posições, em última análise, tiveram o capital para se recuperar após essas perdas. Após a crise de 2020, a carteira conservadora teve recuperação de 7%, e a alocada em IV, 20%, porque foi capaz de capitalizar a IV alta e os créditos mais altos da recuperação da crise.

Para que as metas de lucro sejam alcançadas de forma *consistente*, é fundamental construir uma carteira robusta em todos os tipos de mercado. Uma carteira altamente exposta obtém lucros extraordinários em condições de mercado mais regulares, mas há um alto risco de falir no raro evento de um crash ou uma grande correção. Uma carteira mais conservadora é bem adequada para condições de mercado extremas, mas os lucros positivos são limitados na maior parte do tempo. Comparativamente, dimensionar a alocação de capital de acordo com a IV de mercado é uma maneira eficaz de capitalizar lucros mais altos quando a IV está alta, proteger o capital de perdas atípicas quando a IV está baixa e alcançar um crescimento razoável com requisitos de capital mais baixos do que comprar ações diretamente. Mais importante, limitar a exposição de capital e manter tamanhos de posição apropriados são, sem dúvida, as maneiras mais eficazes de minimizar o impacto de eventos extremos. Esses conceitos serão explorados com mais detalhes no Capítulo 7.

Gestão Ativa e Alocação Eficiente de Capital

Até agora, este livro discutiu o risco de opções e a rentabilidade para contratos mantidos até o vencimento. No entanto, os investidores de prêmio vendido também podem encerrar ou gerenciar suas posições antecipadamente comprando opções compradas com o mesmo ativo-objeto, strike e data de vencimento. Geralmente, isso pode ser lucrativo como resultado da desvalorização teta parcial e das contrações da IV, e também tende a reduzir a variabilidade de P/L por trading. As opções tendem a ter maior flutuação de P/L na segunda metade da duração do contrato, em comparação com a primeira, como resultado do aumento do risco gama. Como discutido nos capítulos anteriores, gama é a medida da sensibilidade do delta de um contrato às mudanças no preço do ativo-objeto. O gama aumenta para opções "perto do dinheiro" à medida que o vencimento se aproxima, o que significa que o delta (e, portanto, a sensibilidade ao preço da opção) se torna mais estável em resposta a movimentos no ativo-objeto em direção ao final do contrato.

Gerenciar ativamente posições vendidas, como encerrar um trading antes do vencimento e redistribuir capital para novas posições, é uma maneira de reduzir as oscilações de P/L ao longo da duração do trading, bem como o potencial de perda por trading e o desvio padrão de P/L final. Estratégias de gerenciamento antecipado não necessariamente reduzirão o risco em longo prazo, porque as perdas acumuladas de muitos tradings de curto prazo podem exceder a perda única de um trading de longo prazo, mas tornam os potenciais de perda por tradings mais razoáveis. Essa estratégia efetivamente permite que os investidores analisem a viabilidade de um trading antes que as oscilações de P/L se tornem mais extremas e avaliem se é um uso eficiente do capital da carteira permanecer no trading. Compare como P/Ls de strangles de SPY 45 DTE 16Δ são distribuídos quando os contratos são mantidos até o vencimento *versus* gerenciados na metade do prazo para vencimento (21 DTE).

Tabela 3.5 Comparação de estratégias de gerenciamento para strangles de SPY de 45 DTE 16Δ, de 2005 a 2021, mantidos até o vencimento e gerenciados antecipadamente. As estatísticas incluem POP, média de P/L, desvio padrão de P/L e CVaR a um nível de probabilidade de 5%.

Estatísticas de Strangles de SPY 16Δ (2005 a 2021)

Estatísticas	Mantidos até o vencimento	Gerenciados (21 DTE)
POP	81%	79%
Média de P/L	US$44	US$30
Média diária de P/L	US$1,29	US$1,60
Desvio padrão de P/L	US$614	US$260
CVaR (5%)	-US$1.535	-US$695

De acordo com as estatísticas da Tabela 3.5, strangles gerenciados a 21 DTE têm risco de cauda e desvio padrão de P/L em uma base trade a trade significativamente menores do que strangles mantidos até o vencimento. Além disso, embora os contratos encerrados antecipadamente recebam menos por trading em média, na verdade eles geram *mais* lucro em média diariamente e permitem mais ocorrências devido à duração mais curta.

Encerrar os trades antecipadamente tem vários benefícios, a maioria será vista no Capítulo 6. Grande parte dessa decisão depende da quantidade aceitável de capital para arriscar em um único trade e se é um uso eficiente de capital permanecer no trade existente. Repare nesse exemplo que tradings gerenciados levam 24 dias (21 dias restantes em um trading com duração de 45 dias corresponde a uma duração de 24 dias) para lucrar US$30 em média, e contratos mantidos levam 45 dias para ganhar US$44 em média. Os tradings podem acumular a maior parte de seu potencial de lucro bem antes do vencimento, dependendo do mercado, e permanecer na posição pelo restante da duração pode limitar o potencial positivo. Encerrar trades antes do vencimento e redistribuir capital para uma nova posição no mesmo ativo-objeto é um método eficaz para aumentar o número de ocorrências em um determinado período. Redistribuir esse capital para uma posição em um ativo-objeto diferente com característica mais favoráveis (como IV mais alta) pode ser um uso mais eficiente do capital e oferecer elementos de redução de risco em determinadas situações. Ter uma abordagem ativa para investir e gerenciar os trades fornece mais controle sobre a alocação do capital da carteira e flexibilidade para modificar trades em caso de novas informações.

Conclusões

1. Comparadas às estratégias de prêmio comprado, as de prêmio vendido geram lucros mais consistentes e têm vantagem estatística de longo prazo. O trade-off para ter lucro constante é se expor a perdas grandes e, às vezes, indefinidas, e é por isso que os objetivos mais importantes de um investidor de prêmio vendido são (1) lucrar de forma consistente o suficiente para cobrir perdas moderadas e mais prováveis e (2) construir uma carteira que possa sobreviver a perdas improváveis e extremas.

2. Períodos inesperados de alta volatilidade no mercado são a fonte primária de perdas extremas para posições de prêmio vendido. Esses

eventos são altamente improváveis, mas tipicamente acontecem quando ocorrem grandes oscilações de preços no ativo-objeto, enquanto a faixa esperada de movimento está apertada (IV baixa). Negociar prêmios vendidos só quando a IV está elevada é uma forma de reduzir consistentemente essa exposição.

3. A rentabilidade das estratégias de opções vendidas depende de se ter um grande número de ocorrências para atingir médias estatísticas positivas. No mínimo, aproximadamente duzentas ocorrências são necessárias para que a média de P/L de uma estratégia convirja para metas de lucro em longo prazo, e quanto mais, melhor.

4. Embora o trading de prêmios vendidos na alta da IV seja a ideal, ambientes desse tipo são um tanto incomuns. Isso significa que os investidores de prêmio vendido devem encontrar um equilíbrio entre se expor a grandes perdas e atingir um número suficiente de ocorrências. Estratégias de trading de prêmios vendidos em todos os ambientes de IV acumulam lucros de forma mais consistente e aumentam a probabilidade de se atingir o número mínimo de ocorrências. Para gerenciar a exposição ao risco atípico ao adotar essa estratégia, é essencial manter pequenos tamanhos de posição e limitar a quantidade de capital alocada para posições de prêmio vendido. Essa estratégia também pode ser aprimorada dimensionando-se o montante de capital alocado para prêmio vendido de acordo com as condições atuais de mercado.

5. Gerenciar posições ativamente é uma forma de reduzir a incerteza de P/L em uma base trade a trade, usar o capital de forma mais eficiente e obter mais ocorrências em um determinado período. A escolha de encerrar uma posição antecipadamente e redistribuir capital depende da quantidade aceitável de capital a se arriscar em um único trading e se é um uso eficiente de capital permanecer no trading existente. Esses conceitos serão mais bem explorados no Capítulo 6.

Capítulo 4

Redução do Poder de Compra

Tendo discutido a natureza da volatilidade implícita (IV) e o perfil geral de risco-retorno para posições de prêmio vendido, é hora de introduzir alguns elementos de trading de volatilidade vendida na prática. Devido às opções vendidas estarem sujeitas a um risco de cauda significativo, os corretores devem reservar certa quantidade de capital para cobrir eventuais perdas em cada posição. O capital necessário para colocar e manter um trading de prêmio vendido é chamado de redução do poder de compra (BPR), e a quantidade total de capital da carteira disponível para trading é o poder de compra da carteira.

A BPR é o total de capital que deve ser reservado na conta para garantir uma posição de opção vendida, semelhante ao depósito de garantia. No Brasil, a BPR é conhecida como margem de garantia ou chamada de margem, capital ou ativos que a B3 retém da conta do investidor para garantir a operação; neste livro, manteremos a BPR como base de raciocínio para o trade de opções. A BPR é usada para avaliar o risco de prêmio vendido em uma base de trades a trades de duas formas:

1. A BPR atua como uma métrica bastante confiável para o pior cenário de perda para uma posição de risco indefinida nas condições atuais de mercado.

2. A BPR é usada para determinar se uma posição é apropriada para uma carteira com certo poder de compra.

Embora a BPR seja a contrapartida de opção à margem de ações, a distinção entre as duas *não pode ser subestimada*, pois as posições de opções vendidas nunca podem ser negociadas com dinheiro emprestado. A BPR *não é* dinheiro emprestado nem rende juros. É o *seu* capital que está fora de ação durante o trade de opções vendidas. A compra na margem, ou mais conhecido no Brasil como termo, usada principalmente para tradings de ações, é dinheiro emprestado de corretores para comprar ações avaliadas além dos fundos de uma conta. Os juros *são* acumulados na margem (geralmente entre 5% e 7% da taxa anual), e os investidores são obrigados a pagar a margem mais os juros, independentemente do trading de ações ter sido lucrativo. A margem e a BPR são conceitualmente diferentes: a margem amplia o poder de compra de ações e a BPR o diminui para amparar o risco adicional de opções vendidas.

A definição de BPR e seu uso diferem dependendo de se a estratégia é comprada ou vendida e se ela tem risco definido ou indefinido. Para opções compradas, a perda máxima é simplesmente o custo da opção, então, essa é a BPR. Definir a BPR para opções vendidas é mais complicado, particularmente para posições de risco indefinido, porque a perda é ilimitada, teoricamente. Tradings de risco definido, que serão abordados no próximo capítulo, são tradings de prêmio vendido com uma perda máxima conhecida. São simplesmente contratos de prêmio vendido (tradings de risco indefinido) combinados com contratos de prêmio comprado mais baratos, que limitarão as perdas em excesso quando o preço do ativo-objeto ultrapassar o strike adicional. A BPR *é* a perda máxima para uma estratégia de risco definido, mas só pode ser uma estimativa de perda máxima para um trading de risco indefinido. Como o caso de risco indefinido é mais complicado, este capítulo explica a BPR no que se refere a estratégias de risco indefinidas, especificamente strangles vendidos.

Até agora, o trade de opções tem sido predominantemente discutido no contexto de strangles, uma estratégia de risco indefinida, com ganhos limitados e perdas teoricamente ilimitadas. Nesse caso, a BPR é calculada de tal forma que é improvável que a perda de uma posição exceda esse limite. Mais especificamente, a BPR destina-se a responder por cerca de 95% das potenciais perdas com ativos-objetos de fundos negociados em bolsa (ETF) ativo-objeto e 90% das perdas potenciais com ações ativos-objetos.[1] A efetividade histórica de uma BPR para um ETF ativo-objeto pode ser vista na Figura 4.1, ao olhar as perdas de um strangle de SPY 16Δ a 45 dias para o vencimento, de 2005 a 2021.

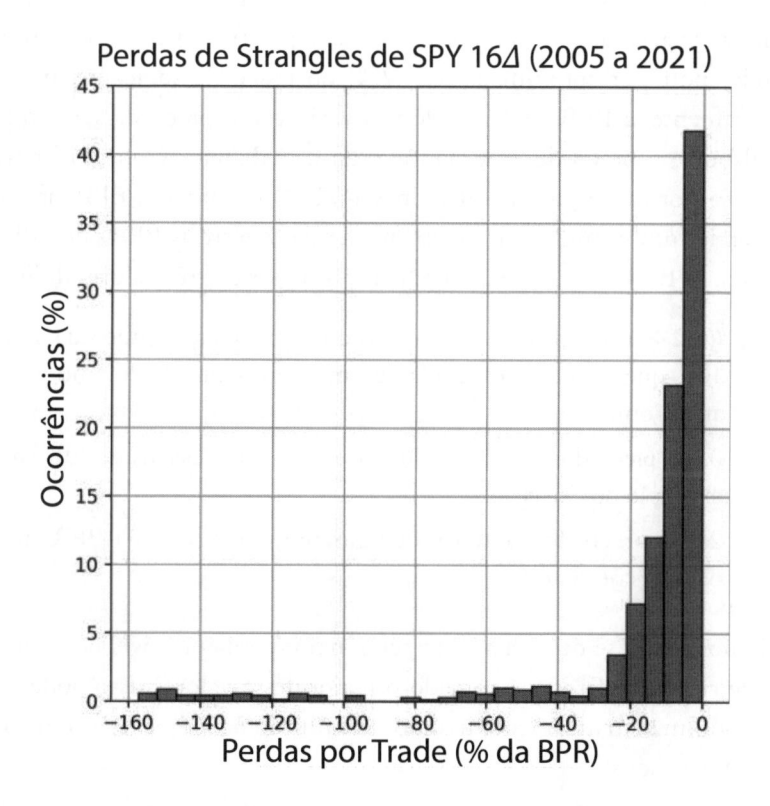

Figura 4.1 Perda em % da BPR para strangles de SPY 45 DTE 16Δ mantidos até o vencimento de 2005 a 2021.

---

1   Essa estatística variará com a IV do ativo-objeto, mas essa é uma aproximação adequada para casos gerais.

Nesse exemplo, a maioria das perdas ficou entre 0% e 20% da BPR. Cerca de 95% de todas essas perdas foram amparadas pela BPR quando essa posição foi mantida até o vencimento, conforme esperado. Embora a BPR nem sempre tenha capturado a extensão total das perdas realizadas, é uma proxy eficaz para perdas de pior caso em uma base trade a trade, na maioria dos casos. Essa métrica funciona muito bem para strangles de SPY, mas strangles com ativos-objetos mais voláteis ou strike mais apertado podem ter maior probabilidade de sofrer perdas que ultrapassem a BPR (daí a taxa de eficácia de 90% para ações).

A BPR corresponde ao capital necessário para fazer um trading, e essa quantidade varia, dependendo da estratégia específica. A BPR para strangles vendidos pode ser aproximada para 20% do preço do subjcente, mas, matematicamente, a BPR depende de três variáveis: o preço da ação, o preço da call/put e o preço do exercício (strike) da call/put.[2] Como o strangle é composto por call e put out-of-money (OTM) vendidas, a BPR necessária para vender um strangle é simplesmente a maior entre as BPRs de call e put vendidas. A BPR de call e put vendidas é a maior de três valores diferentes:

1. ((0,2 × o preço da ação) - [preço do exercício - preço da ação]) × 100, que é a perda esperada de um movimento de 20% no preço do ativo-objeto.

2. 0,1 × preço do exercício × 100, que é a perda esperada de 10% em uma execução do exercício.

3. 250 - preço do contrato, que garante que haja uma BPR mínima para opções baratas.

Como a BPR se destina a abranger a maior perda provável para um contrato de risco indefinido, é tomado o maior desse valores. Isso pode ser representado matematicamente usando-se a função *max*, que leva o maior dos valores fornecidos:

---

2   Este é o mínimo regulatório FINRA (Financial Industry Regulatory Authority, ou Autoridade Reguladora do Setor Financeiro). Normalmente, os corretores seguem essa fórmula, mas ocasionalmente (em especial quando a IV está muito alta) eles aumentam os requisitos de capital para contratos em ativos-objetos específicos.

$$\text{BPR de put vendida} = \max((\ 0.2 \times S) - (\ S - \ K\ ))$$
$$\times 100,\ (0.1 \times K\ )$$
$$\times 100, 250 - \ P \times 100) \qquad (4.1)$$

$$\text{BPR de call vendida} = \max((\ 0.2 \times S) - (\ K - \ S))$$
$$\times 100,\ (0.1 \times K\ )$$
$$\times 100, 250 - \ C \times 100) \qquad (4.2)$$

Combinando essas fórmulas, a BPR do strangle é dada por:

$$\text{BPR de strangle vendido} = max\,(\text{BPR de put}\,,\text{BPR de call}\ ) \qquad (4.3)$$

Claramente, essa equação é difícil, mas usando-se alguns exemplos numéricos, pode-se inferir como a BPR de strangle e, portanto, o risco da opção mudam com variáveis mais intuitivas, como a volatilidade histórica e implícita do ativo-objeto. Considere três potenciais tradings de strangle destacados na Tabela 4.1.

Tabela 4.1 Três exemplos de tradings de strangle de aproximadamente 45 DTE 16Δ com diferentes parâmetros e a BPR resultante.

	Exemplo A	**Exemplo B**	**Exemplo C**
Preço da Ação	US$150	US$150	US$300
Strike da Call	US$160	US$175	US$320
Strike da Put	US$140	US$130	US$280
Preço da Call	US$1	US$2	US$2
Preço da Put	US$1	US$2	US$2
BPR	US$2.000	US$1.750	US$4.000
IV	20%	45%	20%

O ativo-objeto do exemplo B tem o mesmo preço daquele do exemplo A, mas os preços de exercício (strikes) para o strangle de 16Δ estão mais distantes (consistentes com uma volatilidade implícita mais alta). O ativo-objeto do exemplo C é duplamente mais caro que os dos exemplos A e B, mas a IV no exemplo C é a mesma que no A.

Por ser a BPR mais alta em C do que em A (mas com as mesmas volatilidade implícita e delta do contrato), os investidores podem deduzir que a BPR do strangle tende a aumentar com o preço do ativo-objeto. *Tecnicamente*, a BPR está inversamente correlacionada com o preço da opção, mas a BPR ainda tende a aumentar com o preço do ativo-objeto, porque instrumentos mais caros têm volatilidades maiores (como uma quantia em dólar) e, portanto, maiores perdas potenciais. A BPR também diminui à medida que a IV do ativo-objeto aumenta, e ambas as relações podem ser vistas na Figura 4.2, olhando-se para a BPR para strangles de SPY 45 DTE 16Δ de 2005 a 2021.

Esses gráficos mostram uma forte relação linear entre a BPR e o preço ativo-objeto e uma relação inversa ligeiramente mais confusa entre a BPR e a IV do ativo-objeto. Essa relação é, em grande parte, impulsionada pelos strikes, movendo-se mais OTM para uma Δ fixa à medida que a IV aumenta. A BPR tende a diminuir exponencialmente, enquanto a IV do ativo-objeto aumenta, e como a BPR é uma estimativa aproximada para perdas de pior caso, essa relação ilustra como a magnitude das perdas potenciais atípicas tende a diminuir quando a IV aumenta.[3]

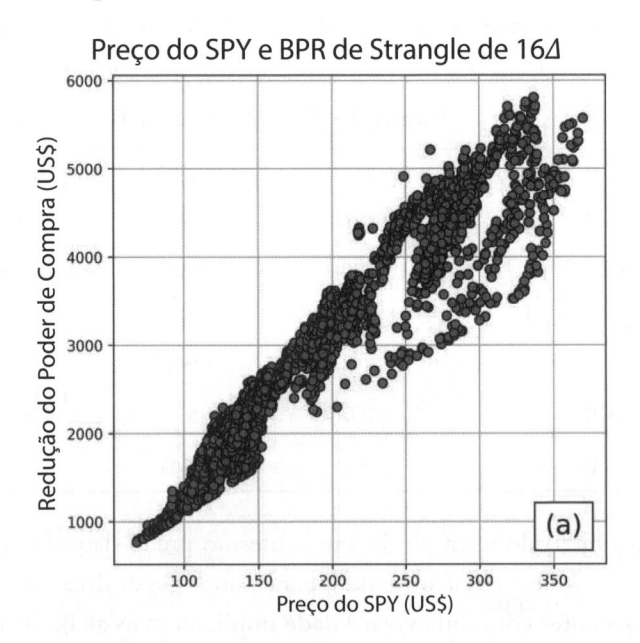

Preço do SPY e BPR de Strangle de 16Δ

---

3   Essa relação entre BPR e IV é específica para strangles. No próximo capítulo, discutiremos como essas relações podem diferir para certas estratégias de risco definido.

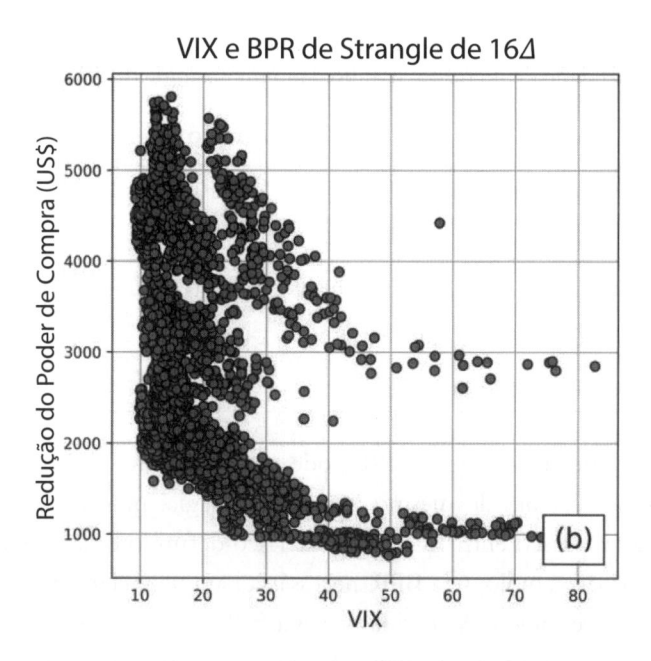

Figura 4.2 Dados de strangles de SPY de 45 DTE 16Δ de 2005 a 2021. (a) BPR em função do preço do ativo-objeto. (b) BPR em função da IV do ativo-objeto.

Posições de prêmio vendido trazem créditos mais altos e potencial de lucro maior quando a IV está alta, mas a redução na BPR também permite que mais posições de prêmio vendido sejam colocadas em comparação com quando a IV está baixa. Como a média de profit e loss (P/L) é maior em uma base de trade a trade a trade *e* posições potencialmente mais lucrativas podem ser abertas, é essencial reservar uma grande porcentagem do poder de compra da carteira para condições de IV alta. Isso também justifica o aumento do percentual de capital da carteira alocado à BPR de prêmio vendido à medida que a IV aumenta. Esses lucros cruciais de IV alta melhoram o desempenho da carteira, mas também amortecem possíveis perdas futuras. Historicamente, quando o VIX ultrapassou 40 pontos, comparado com quando ficou abaixo de 15, a mesma quantidade de capital cobriu a BPR em aproximadamente o dobro dos strangles de SPY de 16Δ. A diferença entre o número de tradings de prêmio vendido permitidos nesses dois ambientes de volatilidade é ainda maior quando se leva em consideração as diretrizes de alocação de carteira. Para contextualizar, veja os exemplos descritos na Tabela 4.2.

Tabela 4.2 Duas carteiras com a mesma liquidez corrente, mas diferentes quantidades de volatilidade de mercado, usando dados de strangle de SPY de 2005 a 2021.

	Exemplo A	Exemplo B
Liquidez Corrente de Carteira	US$100.000	US$100.000
VIX Atual	> 40	< 15
Alocação de Carteira	US$50.000	US$25.000
BPR Aprox. de Strangle de SPY 16Δ	US$1.500	US$3.300
Número Máximo de Strangles	33	7

É importante notar que a BPR pode ser usada para comparar o capital em risco em variações do mesmo tipo de estratégia, mas *não pode* ser usada para comparar o risco entre estratégias de risco definido e estratégias de risco indefinido. Por exemplo, se a BPR necessária para negociar um strangle vendido com o ativo-objeto A era duas vezes a BPR necessária para negociar um strangle vendido com o ativo-objeto B e tinha os demais parâmetros idênticos, podemos concluir que A tem o dobro de risco de B. Essa comparação é válida porque estamos considerando dois tradings com o mesmo perfil de risco, mas a BPR *não pode* ser usada para comparar estratégias com perfis de risco diferentes (digamos, strangle vendido *versus* put vendida), porque não leva em conta fatores como a probabilidade de lucro ou de incorrer em grande perda. Essa sutileza será discutida com mais detalhes no próximo capítulo.

Entender a BPR é crucial para fazer a transição da teoria para a aplicação de opções, porque ela corresponde aos requisitos reais de capital para negociar opções vendidas. Ela também é necessária para discutir a eficiência de capital para opções (alavancagem de opções) em sua totalidade. Imagine um trading de ações de US$100, com uma volatilidade de 20%, e suponha que um trader queira investir nesse ativo com uma suposição direcional de alta. O investidor pode alcançar uma exposição direcional de alta para esse ativo-objeto de algumas maneiras diferentes, conforme mostrado com os exemplos da Tabela 4.3.

Tabela 4.3 Exemplos de tradings que oferecem exposição direcional de alta. Suponha que os contratos de call e put de 50Δ (ATM) tenham duração de 45 DTE e cubram cem ações.

Estratégia	Capital Necessário	Lucro Máx.	Perda Máx	Probabilidade de Lucro (POP)
50 Ações Compradas	US$5.000	∞	US$5.000	50%
50Δ Calls Compradas	US$280	∞	US$280	30%
50Δ Puts Vendidas	US$2.000 (BPR)	US$280	US$9.720	60%

Nessa comparação direta, os efeitos da alavancagem de opção são claros, porque a posição de call comprada atinge o mesmo lucro potencial que a posição de ação comprada, com 94% menos de capital em risco. A posição de put vendida é capaz de perder várias vezes o investimento inicial do trading, mas tem uma POP maior do que a da posição de ação comprada e requer 60% menos capital. Imagine que o preço da ação aumente para US$105 após 45 dias. Os lucros resultantes e retornos correspondentes para essas diferentes posições são os seguintes:

- Ação compada: Lucro = 50 ações × (US$105 – US$100) = US$250
- Call ATM comprada: Lucro = 100 ações × (US$105 – US$100) – US$280 = US$220
- Put ATM vendida: Lucro = US$280

Nesse exemplo, a posição de call comprada foi capaz de alcançar 88% do lucro da ação comprada, com 94% menos capital, e a posição de put vendida pôde alcançar 12% de lucro *a mais* do que a posição de ação comprada, com 60% menos capital.

Conclusões

1. Por serem os prêmios vendidos subjetivos a um risco de cauda significativo, as corretoras devem reservar capital para cobrir perdas potenciais em cada posição. Esse capital é chamado de BPR ou, no

Brasil, de margem. O total disponível do capital da carteira para negociar é chamado de poder de compra da carteira.

2. A BPR é usada para avaliar o risco do prêmio vendido em uma base trade a trade a trade de duas formas: a BPR é uma métrica bastante confiável para a perda de pior caso de uma posição de risco indefinida e é usada para determinar se uma posição é apropriada para uma carteira com base em seu poder de compra.

3. Para opções compradas, a BPR é o custo da opção. Para strangles vendidos, a BPR é aproximadamente 20% do preço do subjacente. A BPR para opções vendidas abrange cerca de 95% das perdas potenciais para os ETFs ativos-objetos e 90% das perdas para os subjacentes de ações.

4. A BPR do strangle tende a aumentar linearmente com o preço do ativo-objeto, porque instrumentos mais caros têm volatilidade maior (como uma quantia em dólares) e, portanto, maiores perdas potenciais. Existe uma relação inversa entre a BPR do strangle e a IV do ativo-objeto; mais especificamente, ela diminui aproximada e exponencialmente à medida que a IV do ativo-objeto aumenta. Isso demonstra as vantagens de negociar vendido quando a IV está alta, porque mais strangles vendidos podem ser abertos com a mesma quantidade de capital que na IV baixa e o potencial de perda atípica geralmente é menor.

5. A BPR pode ser usada para comparar o capital em risco para variações da mesma estratégia, mas não para comparar o risco de diferentes estratégias com diferentes perfis de risco.

6. A natureza alavancada das opções permite que os investidores alcancem um perfil de risco-retorno desejado com significativamente menos capital do que uma posição de ações equivalente.

Capítulo 5

Construindo um Trade

Este livro tem coberto vários tópicos, mas como unir todos esses conceitos e realmente construir um trade (negócio)? Opções são únicas no sentido de que têm perfis de risco-retorno ajustáveis, e o tipo de estratégia e a escolha dos parâmetros do contrato impactam enormemente as características do perfil. Este capítulo descreve algumas estratégias comuns de prêmio vendido e como a variação de cada característica do contrato tende a alterar as propriedades de risco-retorno de uma posição vendida. Algumas diretrizes básicas também estão incluídas, mas a seleção de trading ideal depende, em última análise, das metas de lucro e da tolerância a perdas pessoais, do tamanho da conta e das posições existentes em uma carteira. Cada novo trading deve complementar as posições existentes, idealmente contribuindo com algum grau de diversificação para o perfil de risco geral. Primeiro, no entanto, este capítulo descreve a mecânica de construção de trades individuais; o gerenciamento de carteira será discutido mais tarde.

O procedimento geral para estruturar um trade pode ser sumarizado assim:

1. Escolher um universo de ativos.

2. Escolher um ativo-objeto.

3. Escolher o prazo da opção.

4. Escolher uma estratégia de risco definido ou indefinido.

5. Escolher uma premissa direcional.

6. Escolher um delta.

Todos esses fatores afetam o perfil geral de um trading, e as estratégias raramente são construídas de maneira linear. Os investidores estruturam tradings de acordo com suas preferências pessoais e o tamanho de suas contas, tornando único o processo de construção de uma posição. Por exemplo, se a prioridade for um trading de *risco indefinido*, a escolha do ativo-objeto terá mais restrições. Se a prioridade for negociar um *ativo-objeto específico sob uma determinada premissa direcional*, o delta e a definição de riscos terão mais restrições.

Escolher um Universo de Ativos

Antes de escolher um ativo-objeto, é importante começar com um universo de ativos adequado ou um conjunto de títulos negociáveis com características desejáveis. Os ativos adequados para trading de opções de varejo devem ter mercados de opções de alta liquidez, o que significa que os contratos do título podem ser facilmente convertidos em dinheiro sem afetar significativamente o preço de mercado. Para entender por que a liquidez é crucial, imagine um exemplo de ativo *ilíquido*, como uma casa. Vender uma casa a um valor justo em um mercado saturado como o imobiliário requer tempo e esforço significativos. Os vendedores correm o risco adicional de ter de reduzir significativamente o preço pedido para garantir um comprador rapidamente. A iliquidez das opções é arriscada por motivos similares, e negociar de forma seletiva ativos com mercados de opções líquidos garante que as ordens de contrato sejam preenchidas de forma eficiente a um preço de mercado justo.

A liquidez das opções não é equivalente à liquidez do ativo-objeto. Um ativo-objeto é considerado líquido se tiver as seguintes características:

- Um volume diário alto, ou seja, muitas ações negociadas por dia (> 1 milhão).
- Um spread de compra e venda (spread bid-ask) apertado, o que significa uma pequena diferença no book de ofertas entre o máximo que um comprador está disposto a pagar e o mínimo que um vendedor está disposto a receber (< 0,1% do preço do ativo).

Alguns exemplos de ativos-objetos líquidos incluem AMZN, IBM, SPY e TSLA, como mostrado na Tabela 5.1. No Brasil, as ações de VALE, PETR, ITUB, BBAS são alguns exemplos de ativos-objetos mais líquidos para o trade de opções.

Tabela 5.1 Preços, spread bid-ask e dados de volume diário para diferentes ações coletadas em 10 de fevereiro de 2020, à 1h da tarde.

Ativo	Preço de Fechamento Anterior	Spread Bid-Ask	Spread/Fechamento (% do Preço do Fechamento)	Volume Diário de Transações
AMZN	US$3.322,94	US$0,32	0,01%	1.240.935
IBM	US$121,98	US$0,05	0,04%	2.484.505
SPY	US$390,51	US$0,02	0,005%	16.619.920
TSLA	US$863,42	US$0,51	0,06%	9.371.760

É relativamente simples verificar a liquidez do ativo-objeto usando o volume diário e o spread bid-ask como uma porcentagem do preço de fechamento. No entanto, um ativo-objeto líquido pode não ter um mercado de opções igualmente líquido. Os ativos-objetos de opções suficientemente líquidos devem ter *preços de contrato* com spreads bid-ask apertados e altos volumes diários. A seleção das opções também deve oferecer preços de exercício e prazos flexíveis. Um ativo-objeto com um mercado de opções líquido é, assim, classificado pelas seguintes propriedades:

- Um alto interesse aberto ou volume entre strikes (pelo menos algumas centenas por strike).
- Um spread bid-ask apertado (< 1% do preço do contrato).
- Contratos disponíveis com vários preços de exercício e datas de vencimento.

A liquidez de opções garante que os investidores tenham uma ampla seleção de contratos para escolher e que as posições de prêmio vendido possam ser abertas (ou seja, os contratos possam ser vendidos a um comprador) facilmente. Além disso, a liquidez minimiza o risco de ficar preso em uma posição, porque permite que os investidores fechem posições de prêmio vendido rapidamente (ou seja, contratos idênticos podem ser comprados de volta).

O universo de ativos apresentado neste livro é baseado em ações e consiste, principalmente, em ações e fundos negociados em bolsa (ETF) ativos-objetos, lembrando que uma ação representa uma parcela da propriedade de uma única empresa e um ETF rastreia um conjunto específico de títulos, como índice de mercado, setor ou commodity. No entanto, os universos de ativos geralmente são indiferentes a produtos e podem incluir quaisquer instrumentos com opções líquidas que apresentem oportunidades, como commodities, moedas digitais e futuros.

Escolher um Ativo-objeto

A escolha de um ativo-objeto de um universo de ativos suficientemente líquidos é um tanto arbitrária, mas os investidores geralmente optam por negociar opções vendidas em instrumentos para uma empresa, setor ou mercado preferido sob crenças direcionais específicas. Embora essa seja uma maneira perfeitamente aceitável de negociar, também é importante selecionar um ativo-objeto com quantidade apropriada de risco para um determinado tamanho de conta. As duas grandes classes de instrumentos no exemplo de universo de ativos, ações e ETFs, normalmente têm perfis diferentes de volatilidade e há prós e contras em negociar cada um, resumidos na Tabela 5.2.

Tabela 5.2 Prós e contras gerais para ações e ETFs subjacentes.

Ações		ETFs	
Prós	Contras	Prós	Contras
• Tendem a ter opções com prêmios mais altos e maior potencial de lucro.	• Fatores de risco de empresa única.	• Diversidade inerente entre os setores ou mercados.	• Seleção limitada, comparada às ações.
• Condições de volatilidade implícita (IV) frequentemente altas.	• Risco de lucros e dividendos.	• Tendem a ter opções com BPRs baixas e, ainda, são altamente líquidos.	• Condições de IV alta não são comuns.
	• Tende a ter opções com reduções de poder de compra (BPRs) mais altas.		

Ao escolher um ativo-objeto, o requisito de capital para negociar é um fator limitante. Geralmente, uma única posição não deve ocupar mais de 5% a 7% do capital da carteira, o que significa que as ações subjacentes podem não ser adequadas para contas pequenas porque são mais caras para negociar. No entanto, uma vez que vender prêmios quando a IV está alta tem vários benefícios, ações podem ser o ativo-objeto favorito em certas circunstâncias. Como as ações estão sujeitas a riscos específicos da empresa e do setor, elas tendem a ter IVs mais altas, em comparação com ETFs, e tendem a apresentar oportunidades de IV mais altas com mais frequências. Observe que, ao negociar opções de ações, os investidores também devem estar cientes das informações contextuais (por exemplo, dados de relatórios de lucros e anúncios de empresas) que podem estar impulsionando esses períodos de inflação de IV, pois podem afetar a escolha da estratégia.[1] Essa prática é menos importante ao negociar opções de ETF ativo-objeto.

Os fatores de risco adicional (juntamente com o fato de que as ações líquidas muitas vezes são mais caras do que os ETFs) resultam em opções de ações com oscilações de profit e loss (P/L) geralmente muito maiores ao longo da duração do contrato, mais variabilidade final de P/L e mais risco de cauda. Se os requisitos de capital do trade não são excessivos e a IV do ativo-objeto for favorável, então esses serão os próximos fatores a se considerar. No geral, as opções de ações normalmente são mais arriscadas, mas também carregam um potencial de lucro mais alto do que as opções de ETF. Veja as estatísticas descritas na Tabela 5.3.

Tabela 5.3 Estatísticas de probabilidade de lucro (POP) e P/L de opções 45 dias antes do vencimento (DTE) de strangles de 16Δ com seis ativos-objetos diferentes, mantidos até o vencimento, de 2009 a 2020. Entre os ativos, estão SPY (S&P 500 ETF), GLD (ETF de commodity (ouro)), SLV (ETF de commodity (prata)), AAPL (ações da Apple), GOOGL (ações do Google) e AMZN (ações da Amazon).

Estatísticas de Strangle de 16Δ, Mantidos até o Vencimento (2009 a 2020)

	Ativo-objeto	Lucro Médio	Perda Média	POP
ETFs	SPY	US$160	-US$297	82%
	GLD	US$125	-US$424	83%
	SLV	US$33	-US$103	81%
Ações	AAPL	US$431	-US$1.425	76%
	GOOGL	US$1.108	-US$2.886	80%
	AMZN	US$1.041	-US$2.215	78%

---

1 A inflação de IV especificamente devida aos lucros é a base para um tipo de estratégia chamada de "jogada de ganhos" (earnings play). As jogadas de ganhos serão discutidas no Capítulo 9 e, por enquanto, não farão parte das discussões de opções de ações.

A tolerância a oscilações de P/L, variabilidade de P/L final e cauda de exposição depende principalmente do tamanho da conta e das preferências de risco pessoais. Se um trade satisfaz aproximadamente essas preferências e as restrições anteriormente indicadas, então a escolha do ativo-objeto é um tanto irrelevante, por causa de um conceito chamado de indiferença ao produto. Como a IV é derivada do preço da opção, se dois ativos têm a mesma IV, suas opções terão quase o mesmo preço (como uma porcentagem do preço do ativo-objeto).

Consequentemente, um ativo-objeto não dará mais vantagem em relação às ineficiências de precificação de opções em comparação com outro, desde que tenham mercados de opções com liquidez semelhantes. Para visualizar isso, reflita sobre o exemplo na Tabela 5.4.

Tabela 5.4 Duas amostras de ativos-objetos de opções com a mesma IV, mas diferentes preços de ações e de Put.

Parâmetros de Opções	Cenário A	Cenário B
Preço da Ação	US$100	US$200
IV	33%	33%
Preço da Put a 45 DTE 16Δ	US$1	US$2

No Cenário A, a put é de US$1 (1% do preço do ativo-objeto). Devido à natureza eficiente da precificação das opções, a put vendida no Cenário B também custará 1% do preço do ativo-objeto, já que os dois ativos têm a mesma IV. A indiferença do produto sugere que nenhum ativo-objeto (líquido) é inerentemente superior ao outro, apenas que existem trade-offs proporcionais entre diferentes ativos. A natureza de risco e retorno altos das ações não é inerentemente melhor ou pior do que a relativamente estável natureza dos ETFs, mas alguns ativos podem ser mais adequados para um investidor individual do que outros. Podemos, assim, concluir que a escolha de um ativo-objeto depende essencialmente de cinco fatores principais (por ordem de significância):

1. A liquidez do mercado de opções.
2. A BPR do trade em relação ao tamanho da conta.[2]

---

2   Isso será explorado com maior profundidade neste capítulo e no Capítulo 7, quando abordaremos as diretrizes de alocação de carteira com mais detalhes.

3. A IV do ativo-objeto.[3]

4. A magnitude preferida de oscilações de P/L, variabilidade de P/L final e cauda de exposição por trading.

5. A empresa, setor ou exposição de mercado preferida.

Escolher uma Duração de Contrato

Existem muitas formas de escolher a duração de um contrato, mas este livro aborda esse processo de uma perspectiva qualitativa. Os três objetivos primários ao escolher uma duração de contrato são resumidos da seguinte forma:

1. Usar o poder de compra de uma carteira de forma efetiva.

2. Manter a consistência e atingir um grande número de ocorrências.

3. Selecionar um período adequado com informações contextuais.

É essencial determinar qual duração de contrato é o uso mais efetivo do poder de compra de uma carteira sem exceder as tolerâncias ao risco. Os preços de prêmios tendem a ser mais sensíveis a mudanças no preço do ativo-objeto (gama maior) para contratos próximos do vencimento (5 DTE), em comparação com os contratos que estão longe do vencimento (120 DTE). Consequentemente, contratos de curto prazo tendem a ter oscilações de P/L significativas por uma parte maior de sua duração em comparação com contratos de longo prazo, que inicialmente têm oscilações de P/L mais moderadas e gradualmente se tornam mais voláteis. A maioria dos contratos também tende a exibir um aumento na instabilidade de P/L ao se aproximar do vencimento, o que também é consequência do gama mais alto. O gama de um contrato tende a aumentar ao longo da duração dele, e normalmente o resultado do preço do ativo-objeto se aproxima de um dos strikes de strangle ao longo do tempo. A Figura 5.1 ilustra esses conceitos ao comparar o desvio padrão de P/Ls diários para durações diferentes do mesmo tipo de contrato.

---

3   Na prática, a IV muitas vezes é interpretada de acordo com o IV Percentil ou IV Rank do ativo-objeto. Essa é uma métrica de trading mais comum porque é raro que investidores estejam profundamente familiarizados com a dinâmica IV de diferentes ativos, e é essencial incluir uma variedade de ativos em uma carteira equilibrada.

Todos esses strangles exibem oscilações de P/L pouco antes do vencimento. Isso porque as opções perdem rapidamente seu valor extrínseco ao se aproximarem do vencimento, presumindo que não são in-the-money (ITM), o que é o caso normalmente, porque as opções de 16Δ costumam expirar sem valor. Próximo ao vencimento, esse declínio exponencial no prêmio devido à desvalorização teta supera a magnitude das oscilações de P/L.

As oscilações de P/L no início do contrato variam muito baseadas na duração do contrato. No sétimo dia, o P/L diário para um contrato de 15 DTE tem alta variância, e os contratos de 30 DTE, 45 DTE e 60 DTE têm oscilações de P/L muito mais baixas ao longo da marca de sete dias. Isso ocorre porque o strike de 16Δ no contrato de 15 DTE está muito mais próximo de at-the-money (ATM) do que os srikes de 16Δ nos contratos 30+ DTE. Isso é mostrado em números na Tabela 5.5.[4]

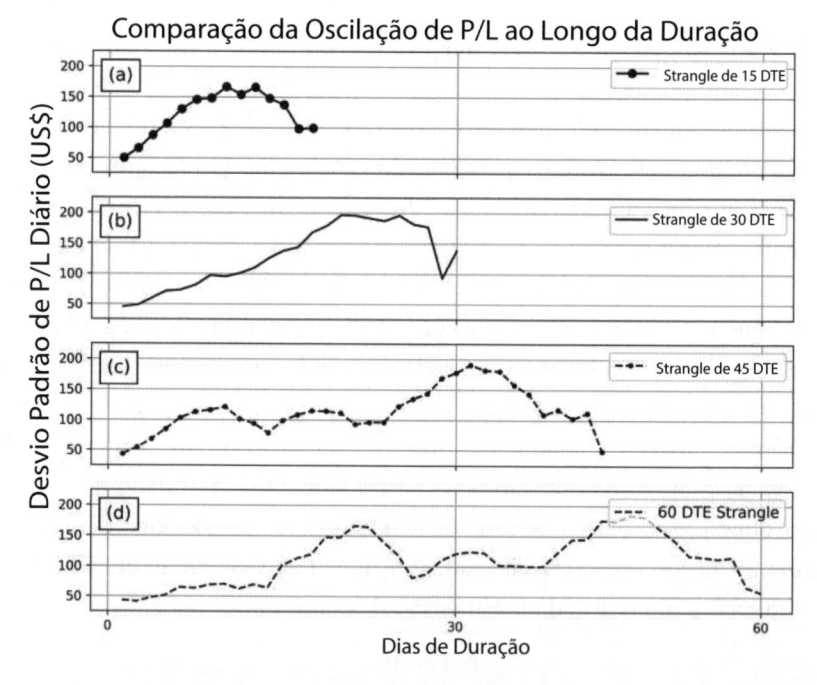

Figura 5.1 Desvio padrão de P/Ls diários (em dólares) para strangles de SPY de 16Δ com diferentes durações entre 2005 e 2021. Durações de (a) 15 DTE, (b) 30 DTE, (c) 45 DTE e (d) 60 DTE.

---

4   As distâncias da call e da put não são simétricas. Isso se deve à assimetria do strike, que será discutida mais adiante neste capítulo e no apêndice.

A Tabela 5.5 ilustra como os strikes de 16Δ estão mais próximos do preço das ações para o contrato de 15 DTE em comparação com strangles de duração maior. Portanto, pequenas mudanças no preço do ativo-objeto terão um impacto maior no delta da opção em comparação com contratos com duração mais longa e preço de exercício mais distante. Os contratos 30+ DTE tendem a experimentar maiores oscilações de P/L perto do vencimento porque o preço do ativo-objeto geralmente se desvia para um dos strikes ao longo do tempo.

Contratos com duração mais longa, por terem oscilações de P/L administráveis por um longo período, dão aos investidores mais tempo para avaliar o trade e se ajustar às mudanças nas condições de mercado. No entanto, durações de trading muito longas não são necessariamente um uso efetivo do poder de compra porque não permitem tantas ocorrências e levam mais tempo para gerar lucro. Para resumir, os contratos de longo prazo, que normalmente não sofrem grandes mudanças em P/L até a segunda metade de sua duração, imobilizam o poder de compra por um longo tempo sem gerar lucro significativo na maior parte do período. Em comparação, os contratos de curto prazo exibem oscilações voláteis de P/L durante a maior parte de sua duração e deixam pouco tempo para reagir a novas condições. Um contrato de duração intermediária, entre trinta e sessenta dias em um ciclo de vencimento mensal,[5] é considerado um uso adequado do poder de compra. As durações intermediárias oferecem um período de oscilações de P/L gerenciáveis, ao mesmo tempo em que fornecem uma quantidade razoável de queda diária do prêmio e uma escala de tempo razoável para lucro. Esse tempo de amortecimento permite que os investidores avaliem a viabilidade de um trading antes de as oscilações de P/L se tornarem mais voláteis. Também permite que os investidores incorporem diferentes estratégias de gerenciamento de trading, que serão abordadas no próximo capítulo.

---

5 As datas do vencimento das opções comuns são divididas em ciclos semanais, mensais e trimestrais. Contratos com ciclos de vencimento *mensal* são preferíveis porque têm liquidez consistente entre a liquidez dos ativos-objetos. Para ativos com liquidez alta, qualquer ciclo de vencimento é aceitável.

Tabela 5.5 Dados para strangles de SPY de 16Δ com durações diferentes, de 20 de abril de 2021. A primeira fila é a distância entre o strike para uma put 16Δ e o preço do ativo-objeto para durações de contrato diferentes (ou seja, se o preço do ativo-objeto é de US$100 e o strike para uma put 16Δ é de US$95, então a distância da put é (US$100 - US$95)/US$100 = 5%. A segunda fila é a distância entre o strike de uma call 16Δ e o preço do ativo-objeto para durações de contratos diferentes.

Distância de uma Opção SPY 16Δ de ATM

Tipo de Opção	15 DTE	30 DTE	45 DTE
Distância da Put	3,9%	6,5%	8%
Distância da Call	2,4%	3,9%	4,9%

Outro fator importante a se considerar na escolha da duração de um contrato é a consistência e o número de ocorrências. A escolha consistente de prazos de contrato semelhantes aumenta o número de ocorrências e simplifica o gerenciamento da carteira, porque o tempo de vencimento e o de gerenciamento se alinharão aproximadamente para a maioria dos tradings de prêmio vendido em uma carteira. Como discutido no Capítulo 3, é necessário um grande número de ocorrências para reduzir a variância das médias de uma carteira e maximizar a probabilidade de realizar os valores esperados em longo prazo. Para que as expectativas de lucro e risco sejam confiáveis, é essencial escolher durações de contrato (e estratégias de gerenciamento) que permitam um número razoável de ocorrências e o façam de forma consistente. Portanto, é uma boa prática escolher um prazo de contrato que seja conveniente de se manter e curto o suficiente para permitir que vários tradings sejam colocadas ao longo de um ano de trading, presumindo que a duração mantenha uma quantidade gerenciável de exposição ao risco de cauda.

O último grande fator ao escolher a duração de um contrato são as informações contextuais, particularmente ao negociar opções de ações. Uma informação contextual, como uma eleição próxima, a data de um relatório de lucros ou um desastre natural previsto, não pode necessariamente ser usada para prever consistentemente a direção dos preços, mas pode indicar uma mudança previsível na volatilidade deles. Há, portanto, utilidade em levar em consideração as informações contextuais ao escolher um prazo de contrato. Isso será discutido com mais detalhes no Capítulo 9.

Escolher uma Estratégia de
Risco Definido ou Indefinido

As estratégias de opções compradas são tradings de risco definido, pois a perda máxima é limitada pelo preço do contrato. As posições de opções vendidas podem ter perfil de risco definido ou indefinido. As estratégias de risco definido têm uma perda máxima fixa, mas limitar o risco negativo tem desvantagens. As estratégias de risco indefinido têm risco negativo ilimitado, o que significa que a perda máxima em uma base de trade por trade é potencialmente ilimitada. Os prós e contras das estratégias de risco definido e indefinido estão descritas na Tabela 5.6.

Tabela 5.6 Comparação das estratégias de risco definido e indefinido.

Risco Indefinido		Risco Definido	
Prós	**Contras**	**Prós**	**Contras**
• POPs mais altas.	• Risco negativo ilimitado.	• Risco negativo limitado.	• POPs mais baixas.
• Potencial de lucro maior.	• BPRs mais altas (mais caros para negociar).	• BPRs mais baixas (mais baratas para negociar).	• Potencial de lucro menor. • Pode ter problemas de liquidez.[a]

Risco Indefinido		Risco Definido	
Prós	**Contras**	**Prós**	**Contras**
• POPs mais altas.	• Risco negativo ilimitado.	• Risco negativo limitado.	• POPs mais baixas.
• Potencial de lucro maior.	• BPRs mais altas (mais caras para negociar).	• BPRs mais baixas (mais baratas para negociar).	• Potencial de lucro menor. • Pode ter problemas de liquidez.[a]

a   As negociações de risco definido, por consistirem em contratos de prêmios vendido e comprado, exigem que mais contratos sejam preenchidos do que em trades de risco indefinido equivalentes. Existe, portanto, um risco maior de que uma ordem de risco definido não consiga fechar a um bom preço em comparação com uma posição de risco indefinido equivalente.

As estratégias de risco definido têm uma perda máxima conhecida (ou seja, a BPR da negociação) e normalmente terão BPR mais baixa do que uma estratégia de risco indefinida com parâmetros semelhantes (ativo-objeto, duração do contrato, strikes). Embora as posições de risco definido exponham menos capital do que as de risco indefinido equivalentes, isso não significa que elas carreguem menos risco.

Lembre-se da discussão sobre o risco de opções do Capítulo 3, de que há várias formas de quantificar o risco de uma estratégia de opções. Embora as estratégias de risco definido evitem assumir *riscos atípicos*, elas são mais propensas a perder a maior parte ou o total de sua BPR quando ocorrem perdas. É, portanto, *essencial* reconhecer que a BPR é matemática e funcionalmente diferente para trades de risco definido e indefinido e *não pode* ser usada como uma métrica de risco comparativa entre eles. Isso será discutido mais adiante neste capítulo.

Devido às diferenças de POP e potencial de lucro entre os perfis de risco, o montante máximo de capital de carteira alocado deve diferir dependendo de se a estratégia é de risco definido ou indefinido. Para estratégias de risco indefinido, os investidores são compensados pelo risco de cauda significativo com potenciais de lucro altos e POPs também altas. Geralmente, é recomendado que as estratégias de risco indefinido constituam a maioria do capital da carteira alocado para estratégias de prêmio vendido. Mais especificamente, *no mínimo* 75% do capital alocado deve estar em estratégias de risco indefinido (com um máximo de 7% alocado por trade) e, no máximo, 25% do capital deve ser alocado para estratégias de risco definido (com um máximo de 5% alocado por trade). Como um exemplo numérico, imagine cenários de alocação para uma carteira de US$100.000, descrita na Tabela 5.7.

Tabela 5.7 Alocação de carteira para estratégias de risco definido e indefinido, com uma carteira de US$100 mil em diferentes níveis VIX.

Nível VIX	Alocação Máxima de Carteira	Alocação Mínima de Risco Indefinido	Alocação Máxima de Risco Definido
20	US$30.000	US$22.500 (BPR máxima de US$7.000 por trade)	US$7.500 (BPR máxima de US$5.000 por trade)
40	US$50.000	US$37.500 (BPR máxima de US$7.000 por trade)	US$12.500 (BPR máxima de US$5.000 por trade)

Essas diferenças serão aprofundadas na próxima seção, mas, para resumir, os cinco fatores a seguir geralmente são mais importantes de se considerar quando comparamos trades de risco definido e indefinido:

1. A quantidade de BPR necessária para um trade relativo à liquidez corrente da carteira.
2. A possibilidade de lucro de uma posição.
3. A quantidade preferida de risco negativo.
4. A variabilidade de P/L final preferida e a magnitude preferida de oscilações de P/L ao longo da duração do contrato.
5. As metas de lucro.

Normalmente, os tradings de risco definido exigem menos capital, têm oscilações de P/L mais moderadas durante o trading e menos desvio padrão de P/L final, em comparação com trades de risco indefinido. Consequentemente, os tradings de risco definido podem ser preferíveis para contas pequenas e investidores relativamente novos. Os tradings de risco indefinido são estatisticamente favoráveis e, portanto, são o foco deste livro. No entanto, a seção a seguir discute como construir tradings de risco definido que se comportam como tradings de risco indefinido, oferecendo proteção contra perdas extremas. Para esses tipos de estratégia (e somente eles), os tradings de risco definido podem ser substituídos por tradings de risco indefinido nas diretrizes de alocação de carteira.

Escolher uma Premissa Direcional

Após escolher um o ativo-objeto, a duração e o perfil de risco de um contrato, os próximos passos são determinar a premissa direcional para o preço do ativo-objeto e selecionar uma estratégia consistente com essa crença e com o perfil de risco preferido. A premissa direcional pode ser de alta, baixa ou neutra, e a escolha mais favorável é subjetiva e depende da interpretação da hipótese de mercado eficiente (efficient market hypothesis, ou EMH). Lembre-se de que a EMH presume que os preços atuais refletem algum grau de informação disponível e vem em três formas principais:

1. EMH fraca: Os preços atuais refletem todas as informações dos preços passadas.
2. EMH semiforte: Os preços atuais refletem toda informação pública disponível.
3. EMH forte: Os preços atuais refletem todas as informações possíveis.

Cada forma de EMH sugere algum grau de limitação no que diz respeito à previsibilidade do preço:

- EMH fraca: As informações passadas do preço não podem ser usadas para prever consistentemente futuras informações de preços, o que invalida a análise técnica.

- EMH semiforte: Qualquer informação publicamente disponível não pode ser usada para prever consistentemente futuras informações de preços, o que invalida a análise fundamentada.

- EMH forte: Nenhuma informação pode ser usada para prever consistentemente futuras informações de preços, o que invalida o uso de informações privilegiadas.

Nenhuma forma de EMH é aceita ou rejeitada universalmente, e a forma ideal para negociar (se houver) depende da preferência pessoal. Este livro adota uma abordagem semiforte para a previsibilidade de mercado, assumindo que os preços das ações e opções refletem efetivamente as informações disponíveis e que poucas premissas direcionais são válidas (por exemplo, o mercado tem tendência de alta no longo prazo). À medida que a volatilidade volta a um valor de longo prazo após desvios significativos, é mais válido fazer suposições direcionais sobre a IV uma vez inflada, em vez de suposições direcionais em torno dos preços das ações. Este livro, portanto, normalmente se concentra em estratégias direcionais *neutras*, como o strangle vendido, porque esses tipos de posições lucram com mudanças na volatilidade e no tempo e são relativamente insensíveis a mudanças de preço. No entanto, essa é uma escolha pessoal. Várias estratégias são descritas na Tabela 5.8.

Pelas razões discutidas nos capítulos anteriores, todas essas estratégias têm melhor desempenho na IV alta. No entanto, as POPs desses trades permanecem relativamente altas em todos os ambientes de volatilidade, justificando que algum percentual de capital deve ser alocado em todas as condições de IV.

Para entender melhor as diferenças entre risco definido e indefinido, compare as estatísticas para as duas estratégias neutras: o condor de ferro (iron condor) e o strangle. Um condor de ferro consiste em um spread vertical (travas) de call out-of-the-money (OTM) vendido e um spread vertical (travas) de put OTM vendido (introduzidos na Tabela 5.8). Esse trade é, efetivamente, um strangle vendido emparelhado com um strangle comprado com strikes que são ainda mais OTM (tipicamente chamados de asas). Assim como com os strangles, os condores de ferro são lucrativos quando o preço do ativo-objeto permanece na faixa definida pelos strikes vendidos ou quando há uma contração de IV ou uma desvalorização temporal significativas. Por exemplo, um strangle de 16Δ pode se tornar em um *condor de ferro de 16Δ com asas de 10Δ*[6] com a adição de uma call e uma put compradas de mesma duração, mais longe de OTM (os contratos comprados são de 10Δ, nesse caso). Um exemplo de condor de ferro é mostrado na Tabela 5.9 e na Figura 5.2.

Tabela 5.8 Exemplos de estratégias populares de opções vendidas com o mesmo delta de, aproximadamente, 20.[a]

Estratégia	Composição	Risco Definido ou Indefinido	Premissa Direcional	POP[b]
Opção Descoberta	Put OTM vendida	Indefinido	Alta	80%
	Call OTM vendida	Indefinido	Baixa	80%
Spread Vertical	Put OTM vendida, Put OTM comprada strike distante	Definido	Alta	77%
	Call OTM vendida, Put OTM comprada strike distante	Definido	Baixa	77%
Strangle	Put OTM vendida, Call OTM vendida	Indefinido	Neutra	70%
Condor de Ferro	Put de spread vertical de call OTM, Put de spread vertical de put OTM	Definido	Neutra	60%

a   A premissa direcional será invertida para o lado comprado de uma posição não neutra. Para uma posição neutra comprada, a suposição é a de que o preço do ativo-objeto se moverá para fora da faixa de preço definida pelo strike do contrato. A POP do lado comprado é dada por 1 - (POP vendida).

b   Essas POPs são aproximadas. A POP de uma estratégia de risco definido depende muito da escolha do(s) delta(s) comprado(s). Contratos com deltas comprados maiores geralmente terão POPs mais altas. Isso será explorado mais adiante no capítulo.

As asas compradas do condor de ferro limitam a perda máxima como a diferença entre os preços de exercício do spread vertical de put ou do spread vertical de call (o que for maior) vezes o número de ações no contrato

6   Lembre-se que os deltas menores estão mais longe de ATM do que os deltas maiores.

(normalmente 100) menos o crédito líquido. A perda máxima do condor de ferro vendido é equivalente à BPR necessária para abrir o trading.

Tabela 5.9 Exemplo de um strangle de SPY de 16Δ e um condor de ferro de SPY de 16Δ com asas de 10Δ quando o preço do SPY é US$315 e sua IV está em 12%. Todos os contratos devem ter a mesma duração.

Strike dos Contratos	Strangle de 16Δ	Condor de Ferro de 16Δ com Asas de 10Δ
Strike da Call Comprada	---	US$332
Strike da Call Vendida	US$328	US$328
Strike da Put Vendida	US$302	US$302
Strike da Put Comprada	---	US$298

Os strikes vendidos foram aproximados com a fórmula de taxa esperada, e os strikes comprados das asas do condor de ferro foram aproximados com a fórmula de Black-Scholes. Os ativos-objetos estão frequentemente sujeitos à assimetria de strike (não confundir com assimetria de distribuição, que nenhum desses métodos realmente considera). Isso significa que os strikes (tanto comprados como vendidos) normalmente não são equidistantes (como um valor em dólares) do preço do ativo-objeto, embora tenham sido aproximados neste exemplo. Esse conceito será explorado mais adiante neste capítulo.

Figura 5.2 Representação gráfica do condor de ferro descrito na Tabela 5.9. As asas de 10Δ correspondem a strikes comprados que estão a US$17 de ATM, que é mais OTM do que os strikes vendidos de 16Δ, que estão a US$13 de ATM.

Isso pode ser resumido com a seguinte fórmula:

BPR de Condor de Ferro Vendido

= 100 × max(strike de call comprada - strike de call vendida,

strike de put vendida - strike de put comprada)

— 100 × (preço de call vendida + preço de put vendida

— preço de call comprada - preço de put comprada)   (5.1)

Continuando com o mesmo exemplo mostrado na Tabela 5.9, aplicamos essa fórmula para calcular algumas estatísticas para esses dois trades na Tabela 5.10.

Tabela 5.10 Créditos iniciais para strangle de SPY de 16Δ e condor de ferro de SPY de 16Δ com asas de 10Δ descritos na Tabela 5.9. Como a diferença entre os strikes de spreads verticais de compra (US\$332–US\$328) e verticais de venda (US\$302–US\$298) é a mesma (US\$4), esse valor é usado ao calcular a perda máxima.

Créditos de Contrato	Strangle de 16Δ	Condor de Ferro de 16Δ com Asas de 10Δ
Débito da Call Comprada	---	-US\$69
Crédito da Call Vendida	US\$122	US\$122
Crédito da Put Vendida	US\$108	US\$108
Débito da Put Comprada	---	-US\$57
Crédito Líquido	**US\$230**	**US\$104**
Perda Máxima	∞	**(100 ações × US\$4 – US\$104 = US\$296**
BPR	**US\$5.000**	**US\$296**

A escolha da largura da asa depende das metas de lucro pessoais e do limite para perdas extremas. Grandes perdas geralmente ocorrem quando os strikes da call ou da put comprada são violados pelo preço do ativo-objeto, de modo que as asas que estão mais distantes de ATM são expostas a movimentos atípicos maiores, mas são mais propensas a serem lucrativas. As asas mais próximas de ATM são mais caras, mas também reduzem a perda máxima de um trading. Para resumir, as asas mais afastadas produzem condores de ferro com maior potencial e probabilidade de lucro, mas também possíveis perdas maiores. Para ver alguns exemplos numéricos, consulte as estatísticas na Tabela 5.11.

Tabela 5.11 Comparação estatística de condores de ferro de SPY de 45 DTE 16Δ com diferentes larguras de asa, mantidos até o vencimento, de 2005 a 2021. As asas que têm delta menor estão mais distantes de ATM em comparação com as que têm delta maior. Estão incluídas as estatísticas de strangle de SPY de 45 DTE 16Δ, mantidas até a data do vencimento, de 2005 a 2021, para comparação.

Estatísticas de Condor de Ferro de 16Δ (2005 a 2021)				Estatísticas de Strangle de 16Δ (2005 a 2021)
Estatísticas	Asas de 5Δ	Asas de 10Δ	Asas de 13Δ	
POP	79%	75%	73%	81%
Média de P/L	US$35	US$15	US$6	US$44
Desvio Padrão de P/L	US$251	US$132	US$74	US$614
Valor Condicional em Risco (CVaR) (5%)	–US$771	–US$399	–US$220	–US$1,535

Se o tamanho da conta permitir, é preferível negociar condores de ferro com *asas maiores*, que têm mais risco de cauda do que os condores de ferro estreitos, mas são historicamente mais lucrativos. Enquanto os condores de ferro com asas estreitas têm POPs próximas de 70%, os condores de ferro maiores podem ter POPs de quase 80%, como mostrado na Tabela 5.11. Os condores de ferro maiores, embora tenham requisitos de BPR mais alta, também são menos propensos a atingir perda máxima do que os condores de ferro mais estreitos quando ocorrem perdas.

Estratégias de risco definido tendem a ter POPs e potencial de lucros menores, em comparação com estratégias de risco indefinido, como mostrado pelas estatísticas de strangle incluídas para referência. O condor de ferro tem cerca de um terço do potencial de lucro que o strangle tem em média (no caso das asas de 10Δ), mas também tem aproximadamente um terço do desvio padrão de P/L e significativamente menos cauda de exposição. Além disso, como no exemplo do condor de ferro mais largo, os tradings de risco definido podem ser construídos para terem POPs semelhantes às de uma estratégia de risco indefinido, enquanto ainda oferecem proteção contra perdas atípicas. Definir o risco na IV baixa, particularmente com estratégias que têm POPs altas, é uma forma de administrar a exposição a perdas atípicas enquanto se capitaliza os benefícios do prêmio vendido. Estratégias de risco definido também vêm com o benefício adicional de serem significativamente mais baratas para negociar, o que é outra razão pela qual podem ser um uso mais eficaz do poder de compra da carteira quando a IV está baixa. Para ver uma referência numérica, considere as estatísticas de BPR na Tabela 5.12.

Tabela 5.12 Comparação da BPR média de strangles de SPY de 45 DTE 16Δ e condores de ferro de SPY de 45 DTE 16Δ com asas de 10Δ, mantidos até o vencimento, usando dados de 2005 a 2021.

BPRs de Strangle e Condor de Ferro de SPY (2005 a 2021)

Faixa de VIX	BPR do Strangle	BPR do Condor de Ferro[a]
0–15	US$3.270	US$363
15–25	US$2.641	US$426
25–35	US$2.261	US$585
35–45	US$1.648	US$553
45+	US$1.445	US$615

a   Os condores de ferro com asas de dólar estáticas (por exemplo, asas de US$10, asas de US$20) têm BPRs que diminuem com a IV, como visto nos strangles. Condores de ferro com asas dinâmicas que mudam com as variáveis, como a IV (por exemplo, 10Δ, 5Δ), têm BPRs que aumentam com a IV. Lembre-se de que a BPR do condor de ferro é a largura de spread vendido mais ampla menos o crédito inicial. Portanto, à medida que a IV aumenta, os preços das opções mais amplas aumentam mais rapidamente do que o crédito inicial, de modo que a BPR aumenta com a IV.

Estratégias de risco definido *com POPs altas* podem responder por uma porcentagem maior de alocação de carteira do que estratégias de risco definido com POPs menores. Anteriormente, dissemos que ao menos 75% do capital alocado deveria estar em estratégias de risco indefinido (com um máximo de 7% por trade) e no máximo 25% do capital alocado deveria estar em estratégias de risco definido (com um máximo de 5% por trade). No entanto, uma estratégia de risco definido com uma POP comparável a uma estratégia de risco indefinido pode compartilhar o poder de compra da carteira de risco indefinido, o que protege o capital de perdas extremas e ainda permite lucros consistentes.

Uma vez que a IV se expande, os investidores podem fazer a transição para strangles para capitalizar os créditos mais altos e reduzir o risco atípico.

É crucial reiterar que a BPR, ou chamada de margem que a B3 utiliza no caso do Brasil, *não pode* ser usada para comparar o risco entre estratégias com perfis de risco distintos. Por exemplo, consulte o modelo na Tabela 5.10. O strangle exige quase dezessete vezes mais poder de compra do que o condor de ferro, mas isso não quer dizer que o risco do strangle seja equivalente ao risco de dezessete condores de ferro. É mais provável que o strangle seja lucrativo e muito menos provável que perca toda a BPR, porque isso exigiria um movimento muito maior no ativo-objeto (20%) em comparação com o condor de ferro (5%). Os condores de ferro muito largos têm perfil de risco semelhante ao dos strangles, mas geralmente é uma boa prática evitar comparar diretamente estratégias de risco definido e indefinido usando o poder de compra.

Escolhendo um Delta

Lembre-se de que o delta é uma medida de *exposição direcional*. De acordo com a definição matemática derivada da fórmula de Black–Scholes, ele representa a mudança esperada no preço da opção dado um aumento de US$1 no preço do ativo-objeto (supondo que todas as outras variáveis permaneçam constantes).[7] Por exemplo, se o preço de um ativo-objeto aumenta US$1, o preço de uma opção de compra com um delta de 0,50 (simbolizado como 50Δ) aumentará aproximadamente US$0,50 por ação, e o preço de uma opção de venda com um delta de -0,50 (simbolizado como -50Δ, ou apenas 50Δ quando o sinal está claro no contexto) diminuirá aproximadamente US$0,50 por ação.[8] O delta de um contrato também representa o risco *percebido* daquela opção em termos de ações de capital. Mais especificamente, o delta corresponde ao número de ações necessárias para cobrir a exposição direcional da opção de acordo com o sentimento de mercado.

---

7   Para contratos com deltas entre aproximadamente 10 e 40, o delta também pode ser usado como uma proxy *muito* aproximada para a probabilidade de uma opção expirar ITM. Por exemplo, uma put de 25Δ tem em torno de 25% de chances de expirar ITM, significando que há 75% de POP para a put vendida. Um strangle de 16Δ é composto de uma put de 16Δ e uma call de 16Δ, então há aproximadamente 32% de chances de que irá expirar ITM (consistente com a POP de 68% do strangle vendido).

8   O delta está entre 0 e 1 para calls compradas e entre -1 e 0 para puts compradas. Para calls e puts vendidas, os números são invertidos.

Este livro frequentemente faz referência ao strange de SPY de 16Δ, que é um investimento delta neutro que consiste em uma put vendida de 16Δ direcionalmente coberta com uma call vendida de 16Δ. Posições delta neutras lucram com fatores como diminuições na IV e desvalorização temporal, em vez de mudanças direcionais no ativo-objeto. Quando apresentados originalmente no Capítulo 3, os preços de exercício vendidos estavam relacionados ao intervalo esperado e, portanto, os preços de exercício mostraram-se equidistantes do preço do ativo-objeto, como na Figura 5.3.

Os strikes nesse exemplo foram derivados da aproximação da faixa de movimento de preços esperada mostrada no Capítulo 2. Na prática, no entanto, os strikes para compra/venda de SPY de 16Δ são calculados a partir da oferta e demanda em tempo real e geralmente estão sujeitos à *assimetria do strike*. Reveja o exemplo da Tabela 5.5 para ver um exemplo disso.

A Tabela 5.5 mostra que os strikes das puts estão muito distantes do preço do ativo-objeto em comparação com os strikes das calls, embora os contratos de call e put sejam ambos de 16Δ. De acordo com a demanda de mercado, os contratos de put mais OTM têm risco equivalente ao de contratos de call menos OTM. Essa assimetria resulta do medo do mercado para o *lado negativo*, o que significa que o mercado teme movimentos extremos maiores para o lado negativo mais do que movimentos extremos para o lado positivo.[9] Como o delta é baseado na percepção de risco do mercado, os strikes para um determinado delta são distorcidos de acordo com essa percepção. Mas nem todos os instrumentos terão o mesmo grau de assimetria. Ações como AAPL e GOOGL têm strikes bastante equidistantes, mas os índices de mercado e commodities (por exemplo, ouro e petróleo) tendem a ter assimetria negativa, também conhecida como assimetria de put. Ativos como GME (GameStop) e AMC (empresa de entretenimento) desenvolveram assimetria positiva, também conhecida como assimetria de call, durante 2020.

---

9   Esse é principalmente o resultado da história de quedas extremas de mercado, como a da Segunda-Feira Negra de 1987, a crise do Subprime de 2008 e o crash de 2020. Antes de 1987, os strikes de call e put de mesmo delta eram muito mais próximos de serem equidistantes.

Figura 5.3 O preço do SPY nos últimos cinco meses de 2019. Incluído está o movimento de cone esperado de 45 dias calculado a partir da IV do SPY em dezembro de 2019, em que o strike para uma call de 16Δ é de US$328 e o de uma put de 16Δ é US$302.

Como o delta é uma medida de risco percebido em termos de equivalência de ações, o delta escolhido afetará significativamente o perfil de risco-retorno de um trading. Posições com deltas maiores (próximos de -100Δ ou +100Δ) são mais sensíveis a mudanças no preço do ativo-objeto, comparadas a posições com deltas menores (próximos a 0). Para observar como isso afeta o desempenho por trading, considere as estatísticas para strangles de SPY de 45 DTE com diferentes deltas descritos nas Tabelas 5.13 a 5.15.

Tabela 5.13 Comparação estatística de strangles de SPY de 45 DTE de diferentes deltas, mantidos até o vencimento, de 2005 a 2021.

Estatísticas de Strangles de SPY (2005 a 2021)

Estatísticas	16Δ	20Δ	30Δ
POP	81%	76%	68%
Média de P/L	US$44	US$49	US$54
Desvio Padrão de P/L	US$614	US$659	US$747
CVaR (5%)	-US$1.535	-US$1.673	-US$1.931

Tabela 5.14 BPRs médias de strangles de SPY de 45 DTE com deltas diferentes, classificadas por IV de 2005 a 2021.

BPRs de Strangle de SPY (2005 a 2021)

Faixa VIX	16Δ	20Δ	30Δ
0–15	US$3.270	US$3.366	US$3.573
15–25	US$2.641	US$2.756	US$3.014
25–35	US$2.261	US$2.415	US$2.794
35–45	US$1.648	US$1.715	US$2.058
45+	US$1.445	US$1.421	US$1.520

Tabela 5.15 Probabilidade de incorrer em uma perda superior à BPR para strangles de SPY de 45 DTE de diferentes deltas, mantidos até o vencimento, de 2005 a 2021.

Estatísticas de Strangle de SPY (2005 a 2021)

Delta de Strangle	Probabilidade de Perdas Maiores que a BPR
16Δ	0,90%
20Δ	0,93%
30Δ	1%

Posições com deltas maiores têm oscilações de P/L maiores durante a duração do contrato, maior variabilidade de P/L final, BPRs mais altas e POPs mais baixas em comparação com posições com deltas mais baixos. No entanto, posições com delta maiores também carregam créditos maiores e potenciais de lucro maiores como um todo. Posições com deltas menores alcançam lucros menores mais frequentemente e são de menor risco do que tradings de deltas mais altos. Posições com deltas menores também tendem a ter tetas maiores como uma porcentagem do valor da opção, o que significa que podem atingir as metas de lucro mais rapidamente do que as posições com deltas mais altos (não mostradas nessas tabelas).

A escolha ideal de delta depende das metas de lucro pessoais e, mais importante, das tolerâncias pessoais ao risco. Opções ITM (que têm um delta de magnitude maior que 50) geralmente carregam um risco direcional maior e uma quantidade mais insuficiente de teta (lucros diários esperados devido à desvalorização temporal) do que é adequado para um trading de prêmio vendido. As opções OTM são tipicamente melhores candidatas. Ao negociar prêmio vendido, deltas de contrato entre 10Δ e 40Δ são tipicamente grandes o suficiente para alcançar um crescimento razoável, mas pequenos o suficiente para ter oscilações de P/L administráveis, desvio padrão moderado de P/L final e risco atípico moderado. Os investidores mais tolerantes ao risco geralmente negociam opções acima de 25Δ, e os investidores mais avessos ao risco negociam abaixo de 25Δ. Quando a IV aumenta e as opções ficam mais baratas para negociar, mais investidores tolerantes ao risco podem também aumentar o delta para capitalizar os créditos maiores em toda a cadeia de opções. Também é uma boa prática recentralizar os deltas das posições existentes quando a IV aumenta, porque os aumentos na IV fazem com que o preço de exercício de um determinado delta se afaste *ainda mais* do preço à vista. Para ver um exemplo disso, considere a Tabela 5.16.

Tabela 5.16 Comparação de preços de exercício para duas opções de compra de 30 DTE 16Δ com o mesmo preço do ativo-objeto, mas diferentes IVs.

Exemplo de Parâmetros de uma Opção de Compra de 30 DTE 16Δ

IV	Preço do Ativo-objeto	Preço do Exercício
10%	US$100	US$103
50%	US$100	US$117

O preço do exercício de uma call de 16Δ fica a US$17 do preço do ativo-objeto quando a IV é 50%, em comparação com US$3 de diferença quando a IV é 10%. Isso porque um aumento na IV indica um aumento na faixa esperada para o preço do ativo-objeto. Quando essa faixa esperada se torna maior, contratos com strikes mais distantes do preço atual do ativo-objeto ficam em maior demanda do que em condições de IV mais baixa. Essa demanda aumenta os prêmios desses contratos e, consequentemente, o risco percebido. Quando a IV aumenta, é boa prática fechar posições existentes e reabri-las com strikes ajustados que reflitam melhor as novas condições de volatilidade.

Conclusões

1. Construir um trading tem seis passos principais, e as escolhas ideais são baseadas no tamanho da conta e nas metas de lucro, tolerância ao risco e premissas de mercado pessoais. Os principais fatores a serem considerados são o universo de ativos, o ativo-objeto, a duração do contrato, o perfil de risco da estratégia, a premissa direcional e o delta.

2. Os investidores devem escolher ativos com mercados de opções de alta liquidez, consistindo em contratos que possam ser facilmente convertidos em dinheiro sem impacto significativo no preço de mercado. Os mercados de opções líquidas têm um alto volume de strikes, spreads de call e put apertados e contratos disponíveis com vários preços de exercício e datas de vencimento.

3. Em um universo de ativos focado em ações, os investidores têm duas opções principais de ativos-objetos: ações e ETFs. As opções com ações subjacentes tendem a ter prêmios (créditos) mais altos, maior potencial de lucro e condições de IV alta mais frequentes, mas também têm riscos de empresa única e custam mais para negociar do que opções com ETFs ativos-objetos. ETFs são inerentemente diversificados e mais baratos que ações, embora sejam muito líquidos, mas menos escolhas estão disponíveis e condições de IV alta são menos comuns.

4. Uma duração de contrato adequada deve usar o poder de compra de forma eficaz, permitir consistência e um número razoável de ocorrências e refletir a escala de tempo de eventos contextuais, como relatório de lucros futuros e previsão de desastres naturais. Durações de contratos que variem de trinta a sessenta dias geralmente são um uso adequado do poder de compra da carteira, oferecendo volatilidade de P/L gerenciável a um prazo razoável para lucro.

5. Estratégias de prêmio vendido podem ter risco definido ou indefinido. Os investidores de risco indefinido têm POPs maiores e potencial de lucro maior, mas também risco negativo ilimitado e BPRs mais altas, sendo as mais caras para negociar. Estratégias de risco definido têm risco negativo limitado e BPRs mais baixas, mas também POPs mais baixas e menor potencial de lucro, com possíveis problemas de liquidez. Estratégias de risco definido com POP alta, como condores de ferro maiores, podem ocupar o capital reservado para tradings de risco indefinido, e essa é uma estratégia

particularmente boa quando a IV está baixa. Investir em trades de risco definido de POP alta na IV baixa e fazer a transição para risco indefinido em IV alta é uma maneira eficaz de proteger o capital de movimentos atípicos e permanecer lucrando consistentemente.

6. Os investidores devem escolher uma de três premissas direcionais para o preço do ativo-objeto: alta, baixa ou neutra. A escolha mais favorável é subjetiva e depende da interpretação individual da EMH, que presume que os preços atuais refletem algum grau de informação disponível.

7. O delta de um contrato representa o risco percebido da opção em termos de ações, o que faz a escolha do delta ser baseada nas tolerâncias ao risco e nas metas de lucro pessoais. Um contrato OTM com delta maior é próximo a ATM e mais sensível a mudanças no preço do ativo-objeto, significando que essas posições geralmente são mais arriscadas, mas têm potencial de lucro maior. Contratos OTM com delta menor estão mais distantes de ATM e têm oscilações de P/L mais moderadas ao longo do contrato, com desvio padrão de P/L final mais baixo, geralmente. Ao negociar prêmio vendido, os contratos ITM geralmente não são adequados devido aos seus altos riscos direcionais e tetas baixos. Contratos entre 10Δ e 40Δ geralmente são grandes o suficiente para alcançarem uma quantia razoável de crescimento, mas pequenos o suficiente para terem oscilações de P/L gerenciáveis e variabilidade de P/L final moderada.

Capítulo 6

Gerenciando o Trading

Os investidores de opções podem manter uma posição até o vencimento ou fechá-la antes disso (gerenciamento ativo). Comparado com manter um contrato até o vencimento, uma estratégia de gestão ativa deve ser considerada pelos seguintes motivos:

- Permite mais ocorrências em um determinado período (se o capital for redistribuído).
- Pode permitir um uso mais eficiente do poder de compra da carteira (se o capital for redistribuído).
- Tende a reduzir o risco em uma base de trade a trade.

Os trades podem ser administrados de diversas formas, mas semelhante à escolha da duração de um contrato, a *consistência* é essencial para alcançar um grande número de ocorrências e realizar médias favoráveis de longo prazo. Este livro defende a adoção de uma estratégia de gerenciamento simples e de fácil manutenção:

- Encerrar um trade em um ponto fixo na duração do contrato.
- Encerrar um trade em uma meta fixa de lucro ou perda.
- Alguma combinação dessas estratégias.

Este capítulo discute diferentes formas de gerenciamento, compara a performance trade a trade e explica os principais fatores a serem considerados ao escolher o gerenciamento de posição apropriado. Como as estratégias de gerenciamento impactam a proporção de crédito inicial coletado pelos investidores, as estatísticas geralmente serão representadas como uma porcentagem de crédito inicial, em vez de em dólares. Este capítulo também se concentra predominantemente na administração da estratégia de risco indefinido. Muitos dos princípios também se aplicam a posições de risco definido, mas essas geralmente são mais tolerantes do ponto de vista do gerenciamento de trading, porque ocupam uma porcentagem menor do poder de compra da carteira e têm potencial de perda limitado.

Administrando de Acordo com DTE

Como mencionado nos Capítulos 3 e 5, negociar as oscilações de profit e loss (P/L) tende a se tornar algo mais volátil conforme as opções se aproximam do vencimento. Para um strangle, esse aumento normalmente resulta do preço do ativo-objeto derivando em direção a um dos strikes ao longo da duração do contrato. Consequentemente, encerrar um trading antes do vencimento, seja em um ponto fixo na duração do contrato ou em uma meta específica de lucro ou perda, tende a reduzir o desvio padrão de P/L final e a exposição ao risco atípico em uma base de trade a trade. Gerenciar tradings ativamente também libera o poder de compra da carteira de posições existentes, que pode, então, ser alocado de forma mais estratégica à medida que surgem oportunidades. O capital liberado pode ser redistribuído para o mesmo tipo de posição inicial (aumentando o número de ocorrências)[1] ou para uma nova posição com condições de prêmio vendido mais favoráveis (o que pode ser um uso mais eficiente do poder de compra).

Gerenciar um trading de acordo com a data do vencimento (DTE), como encerrar uma posição no meio da duração, oferece os benefícios descritos anteriormente e é algo simples de executar. Essa técnica tem um cronograma

---

1   Essa técnica é comumente conhecida como rolagem.

de gerenciamento claro e requer supervisão mínima da carteira, principalmente quando as posições dela têm durações comparáveis.

A escolha do tempo de gerenciamento afeta muito o potencial de lucro e a exposição ao risco atípico de um trading, porque os tradings gerenciados mais perto do vencimento são mais propensos a serem lucrativos e têm lucros maiores, em média, mas geralmente estão expostos a mais risco de cauda. As estatísticas trade a trade mostradas na Tabela 6.1 comparam o desempenho de gerenciamento em momentos diferentes para strangles de SPY de 45 DTE 16Δ.

Tabela 6.1 Estatísticas para strangles de SPY de 45 DTE 16Δ de 2005 a 2021, gerenciados em diferentes momentos durante a duração do contrato.

Estatísticas de Strangle de SPY de 16Δ (2005 a 2021)

Gerenciamento em DTE	Probabilidade de Lucro (POP)	Média de P/L	Média Diária de P/L	Desvio Padrão de P/L	Valor Condicional em Risco (CVaR) (5%)
40 DTE	67%	2,3%	US$0,23	73%	-206%
30 DTE	73%	10%	US$1,75	88%	-212%
21 DTE	79%	21%	US$1,60	96%	-283%
15 DTE	78%	25%	US$1,51	105%	-304%
5 DTE[a]	82%	33%	US$1,34	185%	-514%
Vencimento	81%	28%	US$1,29	247%	-708%

a Strangles gerenciados a 5 DTE parecem superar os strangles mantidos até o vencimento, porque têm POP e média de P/L mais altas, mas menor volatilidade de P/L e menor risco de cauda. Esses resultados são específicos para essa estratégia e esse conjunto de dados e provavelmente foram distorcidos por eventos históricos significativos. Essa tendência não é generalizada entre as estratégias, incluindo a apresentada nesta tabela.

A Tabela 6.1 mostra que gerenciar um trading antes do vencimento gera menos probabilidade de lucro, mas também menos desvio padrão de P/L e menos risco de cauda, e também coleta mais ao dia, em média, em comparação com a manutenção até o vencimento. Essas estatísticas também demonstram que o tempo de administração geralmente carrega um trade-off entre potencial de lucro, de perda e o número de ocorrências. Em comparação com os tradings gerenciados no início da duração do contrato, os gerenciados posteriormente têm lucros e perdas maiores e também permitem menos ocorrências. Como as posições gerenciadas antecipadamente acomodam mais ocorrências e média maior de P/L por dia do que as posições mantidas até o vencimento, fechar posições antes do vencimento e redistribuir capital para novas posições geralmente é um uso mais eficiente do capital, em comparação à extração de mais valor extrínseco de uma posição existente.

Se adotar essa estratégia, escolha um tempo de gerenciamento que satisfaça as tolerâncias de risco individuais de cada transação, ofereça um potencial de lucro adequado e ocupe o poder de compra por um período razoável. Lembre-se de que vender prêmio em qualquer capacidade acarreta uma exposição ao risco de cauda, mesmo quando uma posição é fechada quase imediatamente (veja os resultados de 40 DTE na Tabela 6.1). Para alcançar uma quantidade decente de lucro em longo prazo e justificar uma exposição ao risco de cauda, considere encerrar o trade em torno do ponto médio da duração do contrato.

Gerenciando de Acordo com uma Meta de Lucro ou Perda

Em comparação com permitir que um trading expire, gerenciar uma posição de acordo com uma meta de lucro simplifica as expectativas de lucrar e tende a reduzir a variação de P/L por trading. As ordens limite de fechamento podem ser definidas por um investidor e executadas automaticamente pelo corretor, mas essa estratégia de gerenciamento ainda requer alguma manutenção ativa. Isso ocorre porque os tradings podem nunca atingir o marco de referência de lucro predeterminado e podem exigir gerenciamento alternativo antes do vencimento. Além disso, há alguma sutileza na escolha da meta de lucro, porque essa escolha afeta significativamente o potencial de lucro e perda de um trading, conforme mostrado nas Tabelas 6.2 e 6.3.

Tabela 6.2 Estatísticas para strangles de SPY de 45 DTE 16Δ, de 2005 a 2021, gerenciados em diferentes metas de lucro. Se a meta não é alcançada na duração do contrato, o strangle expira. A última fileira inclui estatísticas para strangles de SPY de 45 DTE 16Δ, gerenciados em torno da metade do prazo até o vencimento (21 DTE) como referência.

Estatísticas de Strangle de SPY de 16Δ (2005 a 2021)

Meta de Lucro	POP	Média de P/L	Desvio Padrão de P/L	Probabilidade de Alcançar a Meta	CVaR (5%)
25% ou Venc.	96%	11%	191%	96%	−522%
50% ou Venc.	91%	16%	236%	90%	−654%
75% ou Venc.	84%	22%	245%	80%	−699%
100% (Venc.)	81%	28%	247%	52%	−708%
21 DTE	79%	21%	96%	N/A	−283%

Esses testes não levaram em conta se uma meta de P/L foi atingida ao longo do dia de trading, mas sim se uma meta foi atingida no final do dia de trading. Portanto, essas estatísticas não são totalmente representativas dessa técnica de gerenciamento.

Gerenciar em um limite de lucro ou vencimento geralmente traz mais desvio padrão de P/L e exposição a risco atípico em uma base de trade a trade do que gerenciar em 21 DTE, embora também traga POPs mais altas e maiores potenciais de lucro por trading, dependendo do referencial de lucro. As opções vendidas são altamente propensas a atingir metas de lucro baixas no início da duração do contrato, quando as oscilações de P/L e o risco de cauda são bastante baixos. Portanto, gerenciar um trading de acordo com uma meta de lucro baixa gera uma POP de estratégia mais alta, um desvio padrão de P/L mais baixo e menos risco atípico em comparação com o gerenciamento em uma meta de lucro alta. No entanto, apesar das metas diárias de P/Ls mais altas, definir um limiar de lucro *muito baixo* não permite que os investidores coletem crédito suficiente para justificar o risco de cauda inerente da posição. As médias de P/Ls estão bem abaixo da meta de lucro fornecida em todos os casos devido à cauda de perda potencial. Ao usar uma meta de 25%, por exemplo, o contrato não conseguiu atingir a meta em apenas 4% das vezes. Ainda assim, essas perdas foram significativas o suficiente para reduzir a média de P/L em mais da metade. Se essa estratégia de gestão for adotada, um limiar de lucro entre 50% e 75% do crédito inicial é adequado para realizar uma quantidade razoável de lucro médio em longo prazo e reduzir o impacto de perdas atípicas. Além disso, como essas metas intermediárias de lucro tendem a ser alcançadas perto do ponto médio do contrato ou logo após, essas referências também permitem um número razoável de ocorrências.[2]

Tabela 6.3 Média diária de P/L e duração média para contratos e estratégias de gerenciamento descritas na Tabela 6.2.

Estatísticas de Strangle de SPY de 16Δ (2005 a 2021)

Meta de Lucro	Média Diária de P/L na Média de Duração	Média de Duração (Dias)
25% ou Venc.	US$1,75	15
50% ou Venc.	US$1,67	24
75% ou Venc.	US$1,49	34
100% (Venc.)	US$1,29	44
21 DTE	US$1,60	24

Esses testes não levaram em conta se uma meta de P/L foi atingida ao longo do dia de trading, mas sim se uma meta foi atingida no final do dia de trading. Portanto, essas estatísticas não são totalmente representativas dessa técnica de gerenciamento. Além disso, como pode haver variabilidade significativa em quando um contrato atinge um determinado limiar de lucro, as estimativas diárias de P/L foram derivadas de dados sobre a duração média do trading.

Assim como os tradings podem ser gerenciados de acordo com uma meta de lucro fixa, eles também podem ser gerenciados de acordo com um limite de perda fixo (um stop loss). Definir um limite de perda é mais complicado, porque as oscilações de P/L de opções são altamente voláteis. Limites de perda pequenos são comumente alcançados, mas os tradings tendem a se recuperar. A implementação de um limite de perda muito pequeno pode limitar significativamente o crescimento positivo e tornar as perdas mais prováveis. Para entender isso, veja a Tabela 6.4.

---

2 Para posições de risco definido, uma meta de lucro de aproximadamente 50% ou menos é mais adequada, porque as oscilações de P/L são menos voláteis, e metas de lucro mais altas têm menos probabilidade de serem alcançadas.

Tabela 6.4 Estatísticas para strangles de SPY de 45 DTE 16Δ, de 2005 a 2021, gerenciados em diferentes limites de perda. Se o limite de perda não é alcançado durante o contrato, o strangle expira. As duas últimas linhas fazem referência a outras estratégias de gerenciamento para comparação.

Estatísticas de Strangles de SPY de 16Δ (2005 a 2021)

Limites de Perda	POP	Média de P/L	Desvio Padrão de P/L	Prob. de Alcançar a Meta	CVaR (5%)
–50% ou Venc.	58%	21%	90%	40%	–168%
–100% ou Venc.	69%	25%	110%	25%	–238%
–200% ou Venc.	76%	27%	131%	13%	–338%
–300% ou Venc.	79%	27%	149%	8%	–450%
–400% ou Venc.	79%	27%	160%	6%	–536%
Nenhum (Venc)	81%	28%	247%	N/A	–708%
21 DTE	79%	21%	96%	N/A	–283%
50% de Lucro ou Venc.	91%	16%	236%	90%	–654%

Esses testes não levaram em conta se um valor de P/L foi ou não atingido ao longo do dia de trading, mas sim se ele foi atingido até o final do dia de trading. Portanto, essas estatísticas não são totalmente representativas dessa técnica de gerenciamento.

Usar um limiar de stop loss baixo, –50%, por exemplo, resulta em menor desvio padrão de P/L e risco atípico, em comparação com manter o contrato até o vencimento. Neste caso, no entanto, as perdas são mais comum e ocorrem em torno de 42% das vezes, uma vez que não é incomum que as opções atinjam esse limiar de perda, embora muitas posições acabem se recuperando antes do vencimento (observe as POPs mais altas para limites maiores). Implementar um stop loss também não necessariamente elimina *todo* o risco de cauda excedendo esse limiar. Por exemplo, apesar de ter um stop loss de –50%, uma expansão da volatilidade implícita (IV) ou mudança de preço do ativo–objeto repentina pode causar um aumento de perda diária entre –25% e –75%, resultando no encerramento do trade, mas com P/L final além do limiar de perda. Como o potencial de aumento é limitado e existe algum grau de cauda de exposição com um stop loss muito pequeno, um limite de

perda de médio alcance, de pelo menos -200%, é prático.[3] Usar um stop loss
e, por outro lado, manter até o vencimento geralmente gera um lucro maior
e um potencial de perda maior do que o gerenciamento no ponto médio da
duração, mas tende a apresentar menos risco de cauda do que o gerenciamento em uma meta de lucro razoável. Para tradings mais ativos, os limites
de perda normalmente não são usados sozinhos, mas combinados com outra
estratégia de gerenciamento.

Comparando Técnicas de Gerenciamento e Escolhendo uma Estratégia

As estratégias de gerenciamento de strangle apresentadas até agora são relativamente simples. Essas técnicas podem ser classificadas de acordo com
o potencial de perda (do maior para o menor) e quantificadas usando-se o
CVaR e desvio padrão de P/L da posição estudada:

1. Mantido até o vencimento.
2. Gerenciado em uma meta de lucro entre 50% e 75%.
3. Gerenciado em um limite de perda de -200%.
4. Gerenciado em 21 DTE (a meio caminho do vencimento).

Lembre-se de que a consistência e a facilidade de implementação são
fatores importantes a serem considerados ao se escolher uma estratégia de
gestão. Para os investidores que se sentem à vontade com o trading ativo, as
estratégias podem ser combinadas e ajustadas com mais precisão de acordo
com as preferências individuais. Por exemplo, imagine que um investidor de
strangles de SPY de 45 DTE 16Δ queira uma estratégia de gerenciamento
com POP alta, desvio padrão de P/L moderado e exposição atípica moderada. Uma possibilidade é gerenciar em 50% do crédito inicial *ou* em 21 DTE,
o que acontecer primeiro. As estatísticas para essa estratégia estão descritas
na Tabela 6.5.

---

3   Stop Loss não são algo adequado para estratégias de risco definido. Como essas estra-
     tégias têm uma perda máxima fixa, é melhor permitir que os stops definidos expirem,
     em vez de gerenciá-los em um limiar de perda específico. Isso dá à posição uma maior
     oportunidade de recuperação.

Tabela 6.5 Estatísticas para strangles de SPY de 45 DTE 16Δ, de 2005 a 2021, gerenciados em 50% do crédito inicial *ou* 21 DTE, o que acontecer primeiro. São dadas estatísticas para outras estratégias para comparação e há classificação pelo CVaR.

	Estatísticas para Strangle de SPY 16Δ (2005 a 2021)				
Estratégia de Gerenciamento	**POP**	**Média de P/L**	**Média Diária de P/L**	**Desvio Padrão de P/L**	**CVaR (5%)**
21 DTE	79%	21%	US$1,60	96%	-283%
21 DTE ou 50% de Lucro	81%	18%	US$1,67	96%	-288%
-200% de Perda ou Venc.	76%	27%	N/A	131%	-338%
50% de Lucro ou Venc.	91%	16%	US$1,67	236%	-654%
Nada (Venc)	81%	28%	US$1,29	247%	-708%

Nesse exemplo, a duração e as metas de lucro são moderadas, resultando em uma estratégia combinada com lucros menores, mas um pouco mais prováveis do que no gerenciamento em 21 DTE e um potencial de perda significativamente menor do que no gerenciamento em lucro de 50%. Isso pode ser atraente para investidores avessos ao risco, porque elimina uma grande fração das perdas históricas e reduz significativamente a cauda de exposição com o benefício de uma POP ligeiramente mais alta e uma média diária de P/L mais alta.

Ao escolher uma estratégia de gerenciamento, saiba que todas as estratégias vêm com trade-offs entre POP, média de P/L, desvio padrão de P/L e potencial de perda. Como esses fatores são ponderados, depende dos objetivos individuais:

- Para lucros *prováveis*, o potencial de lucro deve ser menor ou a exposição a perdas atípicas deve ser maior.
- Para lucros *grandes*, deve haver menos ocorrências ou mais exposição a perdas atípicas.
- Para potencial de perda *pequeno*, o potencial de lucro deve ser menor ou os lucros devem ser menos prováveis.

Para uma comparação qualitativa de estratégias diferentes, veja a Tabela 6.6.

Como mencionado, uma estratégia de gestão adequada depende das preferências individuais para o envolvimento do trading, potencial de P/L por trade, probabilidade de P/L e número de ocorrências. Veja a seguir exemplos de cenários que destacam diferentes perfis de gerenciamento:

- Para investidores passivos com carteiras que podem acomodar mais risco atípico, pode fazer mais sentido usar apenas um stop loss e, de outra forma, manter os tradings até o vencimento para extrair o máximo possível de valor extrínseco das posições existentes.

- Investidores ativos com carteiras que podem acomodar mais risco atípico podem administrar posições gerais em uma meta de lucro fixa e encerrar trades de maior risco e maior retorno a meio caminho do vencimento.

- Investidores muito ativos podem gerenciar todos os contratos de risco indefinido a 50% do crédito inicial *ou* no meio da duração do contrato, porque esse método prioriza a moderação do risco atípico e a obtenção de lucros prováveis de tamanho razoável.

Tabela 6.6 Comparação qualitativa de estratégias de gerenciamento diferentes.

	Estratégia de Gerenciamento			
	21 DTE	50% ou Venc.	–200% ou Venc.	Venc.
Conveniência	Média	Alta	Alta	Alta
POP	Média	Alta	Média	Média
Potencial de Perda Por Trade	Baixa	Alta	Baixa	Alta
Potencial de Lucro Por Trade	Média	Baixa	Alta	Alta
Número de Ocorrências	Média	Média	Baixa	Baixa

a Se forem usadas ordens limite, o gerenciamento de metas de lucro é muito conveniente.

De modo geral, uma abordagem de gestão ativa é mais adequada para investidores de varejo, porque mais ocorrências podem ser alcançadas em um determinado período, é um uso mais eficiente do capital, os lucros médios diários são maiores e o potencial de perda por trading é menor. É importantíssimo reiterar que esse risco é em uma base de *trade a trade*. As perdas de prêmio vendido ocorrem com pouca frequência e geralmente são causadas por eventos inesperados, dificultando a comparação precisa do desempenho em longo prazo das estratégias de escalas de tempo variadas. A próxima seção discute com mais detalhes por que comparar os riscos de longo prazo em estratégias de gerenciamento não é simples.

Uma Observação sobre o Risco em Longo Prazo

Como informado anteriormente, os contratos tendem a ter oscilações de P/L mais voláteis ao se aproximarem do vencimento. Portanto, gerenciar os tradings antes disso tende a gerar um desvio padrão de P/L e uma exposição a risco atípico menores em uma base de trade a trade, se comparado a manter o contrato até o vencimento. Mas é importante observar que essa redução no risco em uma de base trade a trade *não necessariamente se traduz em uma redução do risco em longo prazo*. Embora as técnicas de gerenciamento antecipado reduzam a magnitude de perda *por trading*, os fatores de risco inerentes surgem de um número maior de ocorrências. Consequentemente, uma estratégia de gerenciamento pode ter uma exposição por trade mais baixa, comparada a outra, mas também pode ter um risco em longo prazo mais *cumulativo*. Considere os cenários descritos nas Figuras 6.1 e 6.2. Cada um compara o desempenho de duas carteiras, cada uma com US$100 mil de capital investido. Ambas consistem de strangles vendidos de SPY de 45 DTE 16Δ negociados continuamente, mas os tradings de uma carteira são gerenciados a meio caminho do vencimento (21 DTE), e os da outra, no vencimento. As condições únicas de mercado em cada cenário afetam a performance de cada estratégia de gerenciamento.[4]

A expansão de IV durante a crise de 2020 foi uma das maiores e mais rápidas expansões registradas nos últimos vinte anos, produzindo perdas históricas para strangles de SPY. Devido ao movimento e à duração dessa expansão de

---

4   Backtests de carteira de opções devem ser vistos com ceticismo. As opções são altamente sensíveis a mudanças na escala de tempo, o que significa que uma carteira simultânea com strangles abertos e encerrados em dias ligeiramente diferentes ou com durações ligeiramente diferentes pode ter um desempenho bastante diferente dos mostrados aqui.

volatilidade, contratos de 45 DTE abertos em fevereiro e encerrados no final do ciclo de vencimento de março experimentaram a maior parte da expansão e foram *especialmente* afetados. Na Figura 6.1, a carteira de contratos mantidos até o vencimento foi imediatamente eliminada por essa extrema volatilidade do mercado, e a carteira de contratos gerenciados antecipadamente sofreu uma grande redução de aproximadamente 40%, mas acabou sobrevivendo. Esse cenário demonstra como o potencial de perda de contratos mantidos até o vencimento é muito maior do que o daqueles gerenciados antes. No entanto, isso não necessariamente significa que manter até o vencimento resulte em mais perdas cumulativas a longo prazo.

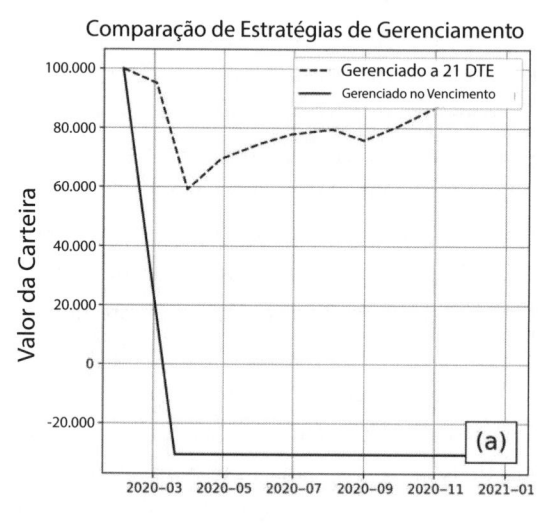

Figura 6.1 (a) Duas carteiras, cada uma com US$100 mil de capital investido, negociando strangles vendidos de SPY de 45 DTE 16Δ, de fevereiro de 2020 a janeiro de 2021. Uma consiste em strangles gerenciados a 21 DTE (linha tracejada), e a outra, em strangles mantidos até o vencimento (linha cheia). (b) O VIX de fevereiro de 2020 a janeiro de 2021.

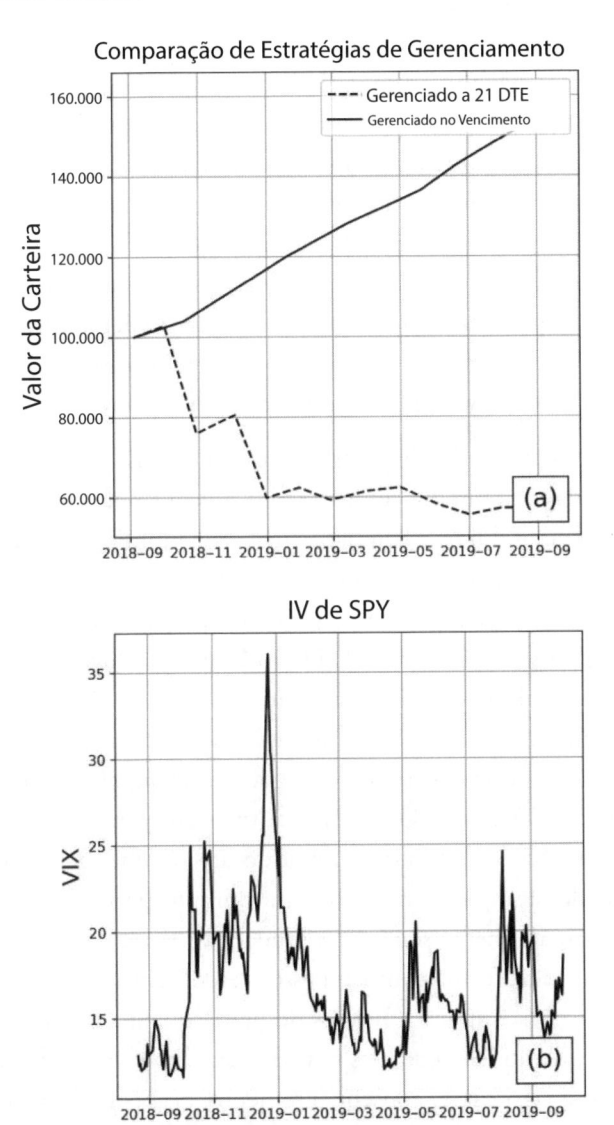

Figura 6.2 (a) Duas carteiras, cada uma com US$100 mil em capital investido, negociando strangles vendidos de SPY de 45 DTE 16Δ, de setembro de 2018 a

setembro de 2019. Uma consiste de strangles gerenciados a 21 DTE (linha tracejada), e a outra, em strangles mantidos até o vencimento (linha cheia). (b) O VIX de
setembro de 2018 a setembro de 2019.

Essas mesmas estratégias funcionaram de maneira bastante diferente perto
do final de 2018, quando o mercado experimentou expansões de IV menores
e mais frequentes. Durante esse período, o tempo de gerenciamento em 21
DTE para contratos de 45 DTE coincidiu consistentemente com picos de IV
durante esse ciclo de volatilidade do mercado, fazendo com que a carteira de
gestão antecipada incorresse em várias perdas consecutivas. Comparativamente, os ciclos de vencimento de 45 DTE foram longos o suficiente para evitar
esses picos menores, e a carteira de contratos mantidos até o vencimento teve
um desempenho geral muito mais forte. Esse cenário demonstra como ter um
menor potencial de perda por trading não garante um desempenho de longo
prazo mais forte ou desvalorizações (drawdowns) menores.

Comparar os riscos de longo prazo de estratégias que ocorrem durante
diferentes escalas de tempo é complicado. Esses exemplos mostram possíveis
estratégias de trades durante condições macroeconômicas únicas, mas vários
fatores podem ter impactado a experiência de alguém que negociou durante
esses períodos. Por exemplo, se as pessoas tivessem começado a negociar
strangles vendidos de SPY de 45 DTE 16Δ em 3 de fevereiro de 2020, teriam tido P/L final de –US$717, se gerenciassem a 21 DTE, e P/L final de
–US$8.087 se mantivessem o contrato até o vencimento. Se, em vez disso,
começassem a negociar a mesma estratégia *um mês depois*, em 4 de março de
2020, teriam P/L final de –US$2.271, se tivessem gerenciado a 21 DTE, e
P/L final de US$518, se tivessem mantido até o vencimento. O risco e o
desempenho do strangle, principalmente durante períodos de volatilidade
de mercado, são altamente sensíveis a mudanças na escala de tempo e na IV.
Há tanta variação na forma como as pessoas escolhem a duração do contrato,
gerenciam posições e aplicam limites de perda quanto há investidores. Isso
torna mais difícil modelar como as pessoas *negociariam realisticamente* de forma
estatisticamente rigorosa e, consequentemente, cria complicações ao avaliar
o risco em longo prazo de diferentes estratégias de gestão.

Em vez de levar em consideração o risco de longo prazo ao selecionar uma estratégia de gerenciamento, a escolha deve ser baseada nos seguintes critérios:

• Conveniência/consistência.
• Preferências de alocação de capital e número desejável de ocorrências.
• Média de P/L e exposição a perdas atípicas *por trade*.

Conclusões

1. Os investidores devem escolher uma estratégia de gerenciamento *consistente,* que aumente o número de ocorrências e as chances de alcançar médias de longo prazo favoráveis. Algumas estratégias de gerenciamento incluem fechar o trade em um ponto fixo da duração do contrato, em uma meta fixa de lucro ou perda ou alguma combinação das duas.

2. Comparados a tradings gerenciados mais cedo na duração do contrato, os tradings gerenciados depois têm lucros e perdas maiores, POPs maiores e permitem menos ocorrências. Posições gerenciadas antes acomodam mais ocorrências e maior média de P/L por dia do que as mantidas até o vencimento. Encerrar posições antes do vencimento e redistribuir capital para novas posições geralmente é um uso mais eficiente do capital, em comparação com extrair mais valor extrínseco de uma posição existente.

3. Se estiver gerenciando de acordo com DTE, considere encerrar trades em torno do ponto médio da duração do contrato para obter uma quantidade razoável de lucro em longo prazo e justificar a exposição à cauda de perda do prêmio vendido.

4. Para conseguir lucros razoáveis e reduzir as perdas atípicas, considere um limiar de lucro entre 50% e 75% do crédito do prêmio inicial. Uma meta de lucro ou perda muito pequena (digamos 25% do crédito inicial) reduz a média de P/L e o potencial de lucro por trade, e uma meta muito grande pouco faz para mitigar o risco atípico.

5. Ao implementar um stop loss, um limiar de médio alcance de pelo menos -200% é prático porque há um potencial de valorização limitado e, ainda, algum grau de cauda de exposição com um limite de perda muito baixo.

6. Uma estratégia de gerenciamento adequada depende das preferências de um indivíduo para engajamento de trading, média de P/L

por trading, exposição ao risco atípico por trading e número de ocorrências. Administrar contratos de risco indefinido a 50% do crédito inicial ou no meio da duração do contrato geralmente alcança lucros razoáveis e consistentes e risco atípico moderado para aqueles mais confortáveis com trading ativo. Essa política de tradings pequenos e frequentes também permite mais ocorrências.

7. Comparar riscos em longo prazo de estratégias é complicado, porque eventos inesperados, como a crise de 2020, afetam as estratégias de prêmio vendido de forma diferente, dependendo da duração do contrato. Por essa razão, compare os riscos e retornos de diferentes estratégias em uma base de trade a trade e escolha com base na conveniência e consistência, nas preferências de alocação de capital e cauda de exposição e nas metas de lucro.

8. Os conceitos descritos neste capítulo são específicos para posições de risco indefinido. Esses princípios de gerenciamento também podem ser aplicados a posições de risco definido, mas essas posições geralmente são mais tolerantes porque têm potencial de perda limitado. Não é tão essencial gerenciar perdas de risco definido porque a perda máxima é conhecida, e em alguns casos, pode ser melhor permitir que um trading de risco definido tenha mais tempo para se recuperar, em vez de encerrar a posição com perda.

Capítulo 7

Gerenciamento Básico de Carteira

Seja adotando uma carteira de ações, opções ou híbrida, construí-la não é algo trivial. Facilmente se torna complicado identificar um conjunto adequado de elementos, calcular os pesos ideais de carteira e manter esse equilíbrio. Embora existam inúmeras maneiras de abordar esse processo, as táticas de gerenciamento de carteira discutidas neste livro são bastante estimativas e divididas em dois capítulos. Este abrange as diretrizes *necessárias* no gerenciamento de carteira, e o seguinte aborda o gerenciamento avançado de carteira, incluindo técnicas *complementares* para otimização do portfólio. O gerenciamento básico de carteira inclui os seguintes conceitos:

- Diretrizes de alocação de capital
- Diversificação
- Manutenção das gregas da carteira

Alocação de Capital e Dimensionamento de Posição

O propósito das diretrizes de alocação dinâmica, introduzidas no Capítulo 3, é limitar a cauda de exposição da carteira enquanto também permite um crescimento razoável em longo prazo, dimensionando a alocação de capital de acordo com os riscos e oportunidades atuais no mercado. Lembre-se de que a quantidade de poder de compra da carteira atribuída a posições de prêmio vendido, como strangles vendidos e condores de ferro vendidos, deve variar de 25% a 50%, dependendo da volatilidade atual de mercado, com o capital remanescente mantido em dinheiro ou em investimentos passivos de risco baixo. Da quantia alocada ao prêmio vendido, ao menos 75% deve ser reservada para negociações de risco indefinido (com menos de 7% do poder de compra da carteira alocado para uma única posição) e um máximo de 25% para estratégias de risco definido (com menos de 5% do poder de compra da carteira alocado para uma única posição), embora existam exceções para estratégias de risco definido de alta probabilidade de lucro (POP). Vale a pena mencionar que nem sempre é viável cumprir estritamente os limites de tamanho de posição de 5% a 7%. Se uma carteira tem apenas US$10 mil em poder de compra e a volatilidade implícita (IV) é baixa (ou seja, VIX<15), essa regra limita a redução do poder de compra (BPR) máxima por trading a US$700 para um trading de risco indefinido em um momento em que as BPRs tendem a ser altas. Essa diretriz limitaria severamente as oportunidades disponíveis para contas menores. Embora as diretrizes de alocação total de carteira *devam* ser seguidas, há mais indulgência para as diretrizes de alocação por trading em contas menores.

Essas diretrizes limitam a quantidade de capital exposto a perdas atípicas, mas como o capital é alocado, depende das metas de lucro e tolerâncias a perdas pessoais. Uma carteira de opções é tipicamente composta de dois tipos de posições: principal e suplementar. As posições principais costumam ser tradings de POP alta com desvio padrão moderado de profit e loss (P/L). Esses tipos de posições devem oferecer lucros consistentes e bastante confiáveis e razoável exposição a valores atípicos, embora variem de acordo com a tolerância ao risco. Considere alguns exemplos:

- Posição principal mais arriscada: um strangle de 20Δ a 45 dias para o vencimento (DTE) (trading de risco indefinido), com um fundo negociado em bolsa (ETF) ativo-objeto diversificado, como SPY ou QQQ.

- Posição principal mais conservadora: um condor de ferro de SPY de 16Δ, com asas de 6Δ (POP alta, trading de risco definido), de 45 DTE, com um ETF ativo-objeto diversificado, como SPY ou QQQ.

As posições principais devem abranger a maior parte de uma carteira e ser diversificadas entre os setores para desenvolver expectativas de lucros e perdas de carteira mais confiáveis e resiliência à volatilidade do mercado. As posições suplementares não são necessariamente fontes confiáveis de lucro, mas sim ferramentas para engajamento de mercado. Essas posições são tipicamente tradings de alto risco e maior lucro, destinadas a capitalizar oportunidades dinâmicas no mercado. Alguns exemplos de posições suplementares incluem earnings trades (que serão discutidas com maiores detalhes no Capítulo 9) ou strangles com ações subjacentes, como o strangle de AAPL de 16Δ a 45 DTE. Ao negociar ações subjacentes, as posições suplementares de risco definido seriam adequadas para investidores mais avessos ao risco. Esses tipos de posições têm muito mais variabilidade de P/L do que as posições com ETF ativo-objeto, resultando em um maior potencial de lucro por trade e maior potencial de perdas, com expectativas de profit e loss menos confiáveis.

Os retornos esperados, a variabilidade de P/L e a cauda de exposição de uma carteira em geral dependem principalmente dos tipos de posições principais, de posições suplementares e da proporção de posições principais para suplementares. As carteiras para investidores mais tolerantes ao risco podem incluir uma porcentagem maior de posições suplementares. No entanto, mitigar o risco de cauda ainda é a prioridade maior, principalmente se os ativos-objetos da carteira não são bem diversificados. É por isso que, falando de modo geral, um máximo de 25% do capital alocado para o prêmio vendido deve ir para posições suplementares. Por exemplo, se o VIX estiver avaliado em 45 e 50% do poder de compra da carteira estiver alocado para posições de prêmio vendido (de acordo com as diretrizes de alocação), então, no máximo, 25% dos 50% de poder de compra da carteira (ou 12,5%

do total) deve ser alocado para posições suplementares. Veja a Tabela 7.1 para um contexto numérico.

Tabela 7.1 Estatísticas para strangles de 45 DTE 16Δ de 2011 a 2020, gerenciados no vencimento. Estão incluídos exemplos de ativos-objetos de posições principais e suplementares.

Estatísticas de Strangles de 16Δ (2011 a 2020)

	Ativo-objeto	POP	Lucro Médio	Perda Média	Valor Condicional em Risco (CVaR) (5%)
Principal	SLV	84%	US$32	-US$88	-US$201
	QQQ	74%	US$109	-US$183	-US$454
	SPY	80%	US$162	-US$320	-US$800
	GLD	81%	US$119	-US$456	-US$1.100
Suplementar	AAPL	74%	US$425	-US$1.443	-US$4.771
	GOOGL	80%	US$1.174	-US$2.955	-US$6.593
	AMZN	77%	US$1.235	-US$2.513	-US$6.810

Essas estatísticas não levam em consideração fatores de IV ou aqueles específicos de ações, como lucros ou dividendos.

Comparadas a posições principais, como strangles de SPY ou QQQ, as posições suplementares mostradas têm potencial de lucro, potencial de perda e exposição ao risco de cauda significativamente maiores. O lucro médio é maior, em parte como resultado de ativos-objetos de suplementares terem preços por ação mais altos. Esse foi o caso de GOOGL e AMZN, que custaram mais do que outras ações subjacentes durante todo o período de backtest. No entanto, esses instrumentos também têm maiores potenciais de lucro como ativos-objetos de opções, porque estão sujeitos a fatores de risco específicos de empresa que muitas vezes inflacionam os valores das suas respectivas opções. Esse foi, particularmente, o caso de AAPL, que teve um valor por ação *menor* do que SPY, QQQ e GLD ao longo desse período de backtest, mas maior volatilidade das opções.

Devido a esses fatores de risco de ação única e à variação refletida em P/Ls das opções, as ações geralmente são ativos-objetos inadequados para posições principais. Seus altos potenciais de lucro as tornam ativos-objetos de posição suplementar atraentes para investidores oportunistas, mas mitigar a exposição ao risco de cauda de posições suplementares é fundamental para a longevidade da carteira. A forma mais efetiva de alcançar isso é limitando estritamente o capital da carteira alocado para posições de alto risco.

Para resumir, as posições principais devem fornecer expectativas um tanto confiáveis em torno de P/L e ser diversificadas entre os setores. As posições suplementares devem compreender uma porcentagem menor de uma carteira porque trazem potencial de lucro maior, mas também mais risco. A diversificação, particularmente ao negociar opções, é outra estratégia de gerenciamento de risco crucial que pode reduzir de forma significativa a variabilidade de P/L e a exposição atípica de uma carteira.

O Básico de Diversificação

Todos os instrumentos financeiros estão sujeitos a algum grau de risco, com os perfis de risco de alguns sendo mais flexíveis que os de outros. Uma ação única tem um perfil de risco imutável, enquanto o de opções pode ser ajustado de acordo com vários parâmetros. No entanto, em ambos os cenários, os investidores estão sujeitos aos fatores de risco da posição específica. Ao negociar uma *carteira* de ativos, um investidor pode compensar os riscos de posições individuais usando posições complementares. Espalhar o capital da carteira em uma variedade de ativos é conhecido como diversificação.

O risco é dividido em duas grandes categorias: idiossincrático e sistêmico. O risco idiossincrático é específico para um ativo, setor ou posição individual e pode ser minimizado usando-se a diversificação. Por exemplo, uma carteira que tem apenas ações da Apple está sujeita aos fatores de risco específicos da Apple e do setor de tecnologia. Alguns desses riscos podem ser compensados com a adição de um ativo não correlacionado ou inversamente correlacionado, como um ETF de commodity como o GLD. Nesse cenário mais diversificado, alguns fatores de risco hipotéticos específicos da empresa que causam a depreciação das ações AAPL podem ser reduzidos pelo desempenho do GLD, que tem uma dinâmica relativamente independente.

Comparativamente, o risco sistêmico é inerente ao mercado como um todo e não pode ser diversificado. Todos os ativos negociados são sujeitos ao risco sistêmico porque cada economia, mercado, setor e empresa tem potencial para fracassar. Nenhuma quantidade de diversificação afastará o elemento da incerteza. Em vez disso, o propósito da diversificação é construir uma carteira robusta com sensibilidade mínima a fatores de risco específicos da empresa, setor ou mercado.

O processo de construir uma carteira diversificada depende do tipo de ativos que compõem a carteira alvo. Para uma carteira de ações, a forma mais efetiva de diversificar contra um risco idiossincrático é distribuir o capital entre ativos que têm movimentos de preços baixos ou inversamente correlacionados. Isso porque a primeira preocupação ao negociar ações é o movimento direcional do ativo-objeto, principalmente o negativo. A diversificação dos ativos da carteira, normalmente usando instrumentos para uma variedade de empresas, setores e mercados, reduz parte dessa concentração direcional e melhora a estabilidade da carteira.

Para entender a efetividade da diversificação por esse método, observe o exemplo a seguir. A Tabela 7.2 mostra diferentes porcentagens de alocação de carteira para duas carteiras de ações, a Tabela 7.3 mostra a correlação dos ativos em ambas as carteiras, e a Figura 7.1 mostra o desempenho comparativo das duas. As tendências direcionais históricas frequentemente são estimadas usando-se o coeficiente de correlação, que quantifica a força da relação linear histórica entre duas variáveis. Lembre-se de que o coeficiente de correlação varia de -1 a 1, com 1 correspondendo à correlação positiva perfeita; -1, à correlação inversa perfeita; e 0, a nenhuma correlação medida.

Tabela 7.2 Duas amostras de carteira, cada uma contendo uma porcentagem de ETFs de mercado para crescimento confiável de carteira (SPY, QQQ), ativos de baixa volatilidade para diversificação (GLD, TLT) e ativos de alta volatilidade para maior potencial de lucro (AMZN, AAPL).

	% de Alocação de Carteira	
	Carteira A	**Carteira B**
ETFs de Mercado	40%	50%
Ativos de Volatilidade Baixa	50%	0
Ativos de Volatilidade Alta	10%	50%

Esses pesos de carteira foram determinados de forma intuitiva, e não por qualquer metodologia quantitativa específica. Esse exemplo demonstra a eficácia da diversificação, em vez
de fornecer uma estrutura específica para alcançar a diversificação em carteiras de ações.

Tabela 7.3 Correlação histórica de cinco anos para ativos nas Carteiras A e B.
Embora essas relações flutuem com o tempo em escalas curtas, supõe-se que permaneçam relativamente constantes em longo prazo.

Correlação (2015 a 2020)

		SPY	QQQ	GLD	TLT	AMZN	AAPL
ETFs de Mercado	SPY	1,0	0,89	-0,13	-0,33	0,62	0,64
	QQQ	0,89	1,0	-0,12	-0,26	0,75	0,74
Ativos de Volatilidade Baixa	GLD	-0,13	-0,12	1,0	0,39	-0,12	-0,11
	TLT	-0,33	-0,26	0,39	1,0	-0,18	-0,22
Ativos de Volatilidade Alta	AMZN	0,62	0,75	-0,12	-0,18	1,0	0,50
	AAPL	0,64	0,74	-0,11	-0,22	0,50	1,0

A Tabela 7.2 descreve duas carteiras: a carteira A é relativamente diversificada, com tolerâncias a risco conservadoras e expectativas de lucro moderadas, enquanto a Carteira B é tolerante ao risco e bastante concentrada. A
Tabela 7.3 mostra como os elementos na Carteira B (SPY, QQQ, AMZN,
AAPL) têm correlações históricas mútuas bastante altas e, portanto, tendências direcionais semelhantes. Comparativamente, metade da Carteira A está
alocada em ativos de baixa volatilidade não correlacionados ou inversamente correlacionados com os ETFs de mercado e ativos de alta volatilidade.
Portanto, devido às contribuições diversificadas desses ativos relativamente
independentes, a Carteira A é menos sensível a eventos de mercado atípicos.
A Figura 7.1 mostra como essas carteiras teriam se comportado de 2020 a
2021, incluindo, vale ressaltar, a crise de 2020 e a recuperação subsequente.

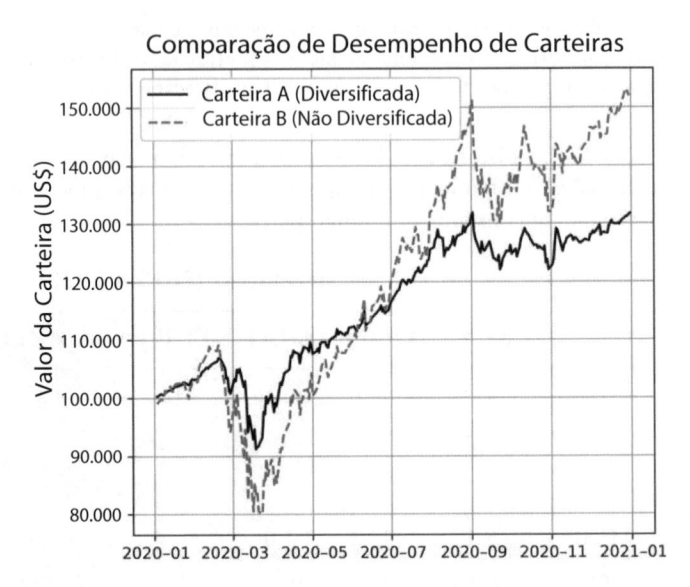

Figura 7.1 Comparação de performance das Carteiras A e B de 2020 a 2021. Cada uma começa com US$100 mil de capital inicial.

As correlações históricas tornaram-se *mais fortes* durante crises financeiras. Dito de outra forma, os ativos tornaram-se mais correlacionados ou mais inversamente correlacionados durante períodos voláteis de mercado. As correlações na Tabela 7.2, portanto, *subestimam* as magnitudes de correlação que teriam sido medidas de 2020 a 2021.

Como resultado da pandemia da Covid-19, os ETFs de mercado e ativos altamente correlacionados, como ações de tecnologia de grande capitalização, sofreram reduções significativas. A Carteira B, cuja metade era composta de ações de tecnologia altamente voláteis, caiu cerca de 25% de fevereiro ao final de março de 2020. Comparativamente, a carteira A ainda experimentou drawdowns massivos, mas diminuiu apenas 14% durante o mesmo período. A Carteira B é muito mais exposta à volatilidade de mercado do que a A, resultando em uma recuperação mais rápida, porém instável, da crise de 2020. Durante aquele ano, a Carteira B cresceu cerca de 90% em relação ao mínimo de março, enquanto a Carteira A crescia 44%, mas a B era quase duas vezes mais volátil. Geralmente, carteiras não diversificadas são mais sensíveis às flutuações específicas do setor ou do mercado, em comparação com as carteiras diversificadas. A diversificação de uma carteira entre classes de ativos reduz o risco de concentração de posições e tende a reduzir o potencial de perda em caso de condições turbulentas de mercado. No entanto, a Figura 7.1 mostra como carteiras mais voláteis e de maior risco podem compensar com maior lucro.

Devido aos seus perfis de risco complexos, as opções são inerentemente mais diversificadas em relação umas às outras, em comparação com suas contrapartes de ações. Ao contrário das ações, nas quais a principal preocupação é o risco direcional, vários fatores podem afetar P/Ls de opções:

- Movimento direcional no preço do ativo-objeto.
- Mudanças na IV.
- Mudanças no tempo até o vencimento.

Como a exposição a cada uma dessas variáveis pode ser controlada de acordo com os parâmetros do contrato, fatores variados, como duração/tempo de gerenciamento, ativo-objeto e estratégia, criam uma redução adicional na correlação de P/L que não é possível ao negociar ações exclusivamente. No entanto, a diversificação contra o risco direcional dos ativos-objetos continua a ser mais essencial do ponto de vista da gestão de risco, particularmente da gestão de risco atípico. A diversificação contra o risco não direcional variando a estratégia ou a duração do contrato é suplementar.

Para entender por que é essencial diversificar os ativos-objetos de opções de uma carteira, considere dois ETFs de mercado: SPY e QQQ. Esses ativos historicamente tiveram dinâmicas de preços e de IV altamente correlacionadas, conforme mostrado na matriz de correlação na Tabela 7.4.

Tabela 7.4 Correlações históricas entre dois ETFs de mercado (SPY, QQQ) e a correlação entre seus índices de volatilidade implícita (VIX, VXN) de 2011 a 2020. Também está incluída a correlação entre cada índice de mercado e o respectivo VIX, para referência.

Correlação de Preço de Ação e Índice de IV (2011 a 2020)

		SPY	QQQ	VIX	VXN
Ações	**SPY**	1,0	0,89	-0,80	
	QQQ	0,89	1,0		-0,76
Índices de Volatilidade	**VIX**	-0,80		1,0	0,89
	VXN		-0,76	0,89	1,0

As ações subjacentes e os índices de IV são altamente correlacionados, o que significa que os eventos de expansão de IV e os movimentos de preço atípicos tendem a acontecer simultaneamente para esses dois ativos. Quando tais eventos ocorrem, as posições de prêmio vendido desses dois ativos-objetos podem experimentar caudas de perda simultaneamente. Para se ter uma ideia de quantas vezes essas posições incorreram historicamente em perdas atípicas simultâneas, consulte as estatísticas de strangles mostradas na Tabela 7.5.

Tabela 7.5 A probabilidade de perdas atípicas (piores do que 200% do crédito inicial) simultâneas para strangles de SPY de 16Δ e strangles de QQQ de 16Δ, de 2011 a 2020. Todos os contratos têm aproximadamente a mesma duração (45 DTE), data de início e vencimento. As entradas diagonais (Strangle de SPY-Strangle de SPY, Strangle de QQQ-Strangle de QQQ) indicam a probabilidade de uma estratégia incorrer em perdas atípicas individualmente, e as entradas fora da diagonal correspondem à probabilidade de o par incorrer em perdas atípicas simultaneamente.

	Probabilidade de Perdas Piores que 200% (2011 a 2020)	
	Strangle de SPY	**Strangle de QQQ**
Strangle de SPY	5,8%	3,9%
Strangle de QQQ	3,9%	8,7%

A Tabela 7.5 mostra que é razoavelmente improvável que o par de estratégias incorra em perdas atípicas simultaneamente, tendo ocorrido em apenas 3,9% das vezes. No entanto, se esses eventos fossem completamente independentes, essas perdas compostas teriam ocorrido em menos de 1% do tempo: 5,8 × 8,7% ≈ 0,50%. Além disso, ao considerar a probabilidade de perda atípica para cada estratégia individualmente, os efeitos do trading de strangles com ativos-objetos correlacionados tornam-se um pouco mais claros.

Por exemplo, a probabilidade de um strangle de SPY ter uma perda atípica é de 5,8%. Qual é a probabilidade de um strangle de QQQ ter a mesma perda atípica, uma vez que um strangle de SPY teve uma perda atípica? Para calcular isso, use a probabilidade condicional.[1]

---

1   Para uma introdução à probabilidade condicional, ver apêndice.

$$P \text{ (perda de QQQ dada perda de SPY)} = \frac{P \text{ (Perda de SPY e perda de QQQ)}}{P \text{ (Perda de SPY)}}$$

$$= \frac{3,9\%}{5,8\%} \approx 67\%$$

Em outras palavras, strangles de SPY e de QQQ só podem ter perdas atípicas simultaneamente em 3,9% das vezes, mas quando um strangle de SPY tem uma perda atípica, há *67% de chance* de que um strangle de QQQ também tenha.[2] Geralmente, a probabilidade de uma perda composta é bastante baixa, mas quando uma posição de prêmio vendido sofre uma perda, muitas vezes há uma probabilidade alta de uma posição equivalente com um ativo-objeto correlacionado sofrer uma perda de magnitude comparável. Como o potencial de perda dessas ocorrências compostas é tão grande, é essencial diversificar as ações subjacentes e manter tamanhos de posição apropriados para opções correlacionadas para reduzir a probabilidade e o impacto de perdas compostas atípicas.

Agora imagine dois ETFs de mercado (SPY e QQQ) e dois ETFs diversificados, inversamente ou não correlacionados com o mercado (GLD, TLT). A correlação histórica está mostrada na Tabela 7.6, e a probabilidade de ocorrerem perdas atípicas simultâneas, na Tabela 7.7.

Tabela 7.6 Correlação histórica entre dois ETFs de mercado (SPY e QQQ), um ETF de ouro (GLD) e um ETF de títulos (TLT), de 2011 a 2020.

Correlação do Preço da Ação (2011 a 2020)

	SPY	QQQ	GLD	TLT
SPY	1,0	0,89	-0,03	-0,41
QQQ	0,89	1,0	-0,04	-0,34
GLD	-0,03	-0,04	1,0	0,23
TLT	-0,41	-0,34	0,23	1,0

---

2 Uma probabilidade condicional de perda composta de 67% é muito alta, porém mais baixa do que uma probabilidade de perda composta ao negociar as ações equivalentes. SPY e QQQ são *altamente* correlacionados e experimentam drawdowns quase idênticos em períodos de turbulência do mercado. Portanto, que essas opções incorram em perdas atípicas compostas em apenas 70% das vezes demonstra a diversificação inerente de opções aludida anteriormente.

Tabela 7.7 Probabilidade de perdas atípicas (piores que 200% do crédito inicial) ocorrerem simultaneamente para diferentes tipos de strangles de 16Δ mantidos até o vencimento, de 2011 a 2020. Todos os contratos têm duração (45 DTE), datas de abertura e de encerramento aproximadamente iguais. As entradas diagonais correspondem à probabilidade de a estratégia específica incorrer em perdas atípicas individualmente, e as entradas fora da diagonal, à probabilidade de o par incorrer simultaneamente em perdas atípicas.

Probabilidade de Perdas Piores do que 200% para Strangles Diferentes (2011 a 2020)			
	SPY	**QQQ**	**GLD**	**TLT**
SPY	5,8%	3,9%	2,1%	1,9%
QQQ	3,9%	8,7%	1,9%	1,7%
GLD	2,1%	1,9%	12%	4,8%
TLT	1,9%	1,7%	4,8%	12%

De novo, é relativamente improvável que qualquer par incorra em perdas atípicas simultaneamente, mas essa tabela mostra a redução significativa na probabilidade de atipicidade *condicional* quando os ativos-objetos não são correlacionados ou o são inversamente. Considere o seguinte:

- Se um strangle de SPY tem uma perda atípica, há 67% de chance de uma perda composta com um strangle de QQQ.
- Se um strangle de SPY tem uma perda atípica, há 36% de chance de uma perda composta com um strangle de GLD.
- Se um strangle de QQQ tem uma perda atípica, há 20% de chance de uma perda composta com um strangle de TLT.

As perdas compostas ainda ocorrem quando ativos-objetos têm movimentação de preços baixa ou inversamente correlacionada, mas essa redução na probabilidade, ainda assim, é crucial. Ter uma carteira que inclui ativos inversamente ou não correlacionados é particularmente significativo durante períodos de volatilidade inesperada de mercado, quando a maioria dos ativos desenvolve uma correlação mais forte com o mercado e há expensões de IV muito difundidas. Embora as opções possam ser diversificadas em relação a muitas variáveis, diversificar os ativos-objetos é uma das maneiras mais eficazes de reduzir o impacto de eventos atípicos em uma carteira. Como a diversificação não remove completamente o risco de perdas

atípicas compostas, manter pequenos tamanhos de posições (no máximo 5%
a 7% do capital da carteira alocado para uma única posição) continua sendo
fundamental.

Manutenção das Gregas da Carteira

As gregas formam um conjunto de medidas de risco que quantifica diferentes dimensões de exposição das opções. Cada contrato tem seu próprio
conjunto específico de gregas, mas algumas delas têm a conveniente propriedade de serem aditivas em posições com diferentes ativos-objetos. Consequentemente, essas métricas podem ser usadas para resumir as várias fontes
de risco de uma carteira e orientar ajustes. As seguintes gregas de carteiras
serão o foco desta seção:

- Delta ponderado em beta ($\beta\Delta$): lembre-se de que, no Capítulo 1,
  vimos que beta é uma medida de risco sistemático e quantifica especificamente a tendência direcional da ação em relação à do mercado
  geral. Ações com correlação positiva ao mercado têm beta positivo,
  e ações com correlação negativa têm beta negativo. $\beta\Delta$ é similar a
  delta, que é a mudança esperada no preço da opção dada uma mudança de US$1 no preço do ativo-objeto . Quando o delta é ponde-
  rado em beta, o valor ajustado corresponde à mudança esperada no
  preço da opção, dada uma mudança de US$1 em algum índice de
  referência, como o SPY.

- Teta (θ): o declínio no valor de uma opção devido à passagem do
  tempo, com o resto igual. Isso geralmente é representado como o
  declínio esperado no valor de uma opção por dia.

Manter o equilíbrio dessas duas variáveis é crucial para a saúde em longo
prazo de uma carteira de opções vendidas. $\beta\Delta$ representa a quantidade de
exposição direcional que uma posição tem em relação a algum índice, em
vez de ao próprio ativo-objeto. O $\beta\Delta$ delta cumulativo da carteira representa
a exposição direcional geral da carteira em relação ao mercado, assumindo
que o índice beta é um ETF de mercado como o SPY. Normalizar o delta
de acordo com o ativo-objeto padrão permite que o delta seja aditivo em
todas as posições da carteira. Isso *não pode* ser feito com o delta não ponderado, porque os movimentos de US$1 em diferentes ativos-objetos não são
comparáveis, ou seja, tentar adicionar deltas de diferentes posições é como
adicionar centímetros e quilos. Por exemplo, uma sensibilidade de 50Δ ao

ativo-objeto A e uma de 25Δ ao ativo-objeto B não implica em uma sensitividade de 75Δ a qualquer um, a não ser que A e B sejam perfeitamente correlacionados.

Carteiras $\beta\Delta$ neutras são atrativas aos investidores de prêmio vendido, porque a carteira é relativamente insensível às mudanças no mercado e o lucro é prioritariamente movido a mudanças de IV e tempo. Adotar a neutralidade de $\beta\Delta$ também simplifica aspectos do processo de diversificação, porque um $\beta\Delta$ quase zero indica baixa exposição direcional de mercado. À medida que o delta de uma posição varia ao longo da duração do contrato, o delta geral da carteira é distorcido. Para manter a neutralidade de $\beta\Delta$, posições existentes podem ser recentralizadas (quando o trading atual é encerrado e reaberto com um novo delta), posições existentes podem ser fechadas inteiramente, ou novas posições podem ser adicionadas. A estratégia mais apropriada depende do teta atual da carteira.

O teta também é aditivo entre as posições, porque as unidades de teta são idênticas para todas as opções (US$/dia). Como os investidores de prêmio vendido lucram consistentemente com a desvalorização temporal, o teta total entre as posições fornece uma estimativa confiável para o crescimento diário esperado da carteira. A razão de teta (teta/liquidez corrente da carteira) estima o lucro diário esperado por uma unidade de capital para uma carteira de prêmio vendido. As carteiras de opções estão sujeitas a um risco de cauda significativo, portanto, o lucro diário esperado deve ser significativamente maior do que o de uma carteira investida passivamente no mercado para justificar esse risco. Portanto, pode-se determinar as metas de lucro de referência de uma carteira de opções vendidas equivalente remetendo-se ao desempenho de P/L diário de uma carteira de SPY investida passivamente, conforme mostrado na Tabela 7.8.

Tabela 7.8 Estatísticas de performance diária para cinco carteiras investidas passivamente em SPY, de 2011 a 2021. Cada uma com US$100 mil de capital inicial e com quantia alocada de capital variando de 25% a 50%.

Porcentagem de Alocação em SPY	P/L Diário da Carteira (2011 a 2021)
25%	0,013%
30%	0,015%
35%	0,017%
40%	0,020%
50%	0,025%

De 2011 a 2021, a carteira investida passivamente em SPY coletou entre 0,013% e 0,025%, dependendo da porcentagem de capital alocado. Em outras palavras, essas carteiras tiveram lucro diário entre US$13 e US$25 por US$100 mil de capital durante os últimos dez anos (US$100.000 × 0,00013). No entanto, o lucro diário esperado por unidade de capital para uma carteira de opções vendidas deveria ser *significantemente* maior do que essa referência. Para a maioria dos investidores, a razão teta mínima deveria alcançar de 0,05% a 0,1% da liquidez corrente da carteira para justificar os riscos de cauda para prêmio vendido. Em outras palavras, uma carteira de prêmio vendido deveria ter um lucro diário esperado entre US$50 e US$100 por US$100 mil do poder de compra da carteira de desvalorização teta.

A razão teta não deve exceder 0,2%. É preferível uma razão maior, mas ela não deve ser tão maior devido ao risco gama oculto. O gama (Γ) é a mudança esperada no delta da opção, dada uma mudança de US$1 no preço do ativo-objeto. Posições delta neutras raramente o são em gama, e se o gama de uma posição for especialmente alto, o delta do trading é altamente sensível a mudanças no preço do ativo-objeto e, geralmente, é instável. Uma posição com uma sensibilidade alta de delta pode facilmente afetar a neutralidade geral de $\beta\Delta$ de uma carteira.

O gama de diferentes derivativos não pode ser comparado entre os ativos-objetos por razões semelhantes àquelas pelas quais o delta bruto não pode ser comparado entre os ativos-objetos. O gama não pode ser tão precisamente ponderado por beta como o delta pode; no entanto, uma relação positiva entre gama e teta traz uma solução para esse problema. Posições com grandes quantidades de teta, como as negociações com strikes próximos de at-the-money (ATM) ou do vencimento, tipicamente também têm altas quantidades de risco gama. Como teta é aditivo entre as posições da carteira, a razão teta é o indicador mais direto de risco gama excessivo. Essa relação entre gama e teta também demonstra como os investidores de prêmio vendido devem equilibrar a lucratividade da desvalorização temporal com as flutuações de P/L resultantes de gama.

Para resumir, a razão teta para uma carteira de opções deve ter uma faixa de 0,05% a 0,1% e não deve passar de 0,2%. Baseadas na razão teta e na quantidade de capital atualmente alocado, as posições existentes devem ser recentralizadas, e as de prêmio vendido devem ser adicionadas ou removidas. Dados esses marcos de referência para lucros diários esperados, o procedimento para modificar as posições da carteira pode ser resumido desta forma:

- Se uma carteira bem alocada e diversificada é $\beta\Delta$ neutra, mas não fornece uma quantidade suficiente de teta, as posições na carteira devem ser reavaliadas. Nesse caso, talvez algumas negociações de risco definido devam ser substituídas por outras de risco indefinido ou estas devem ser roladas para deltas mais altos. Novas posições delta neutras também podem ser adicionadas, como strangles e condores de ferro, por exemplo. IV e teta também são altamente correlacionados, significando que ativos-objetos com IV mais alta também podem ser considerados, se o teta é muito baixo. Essas medidas podem ser revertidas se a carteira tiver muita exposição a teta enquanto estiver neutra em $\beta\Delta$.

- Se a razão de teta for muito baixa (<0,1%), as posições existentes devem ser recentralizadas/apertadas ou novas posições de prêmio vendido devem ser adicionadas.

  - Se $\beta\Delta$ é muito grande e positivo (alta), adicionar novas posições com $\beta\Delta$ negativo (por exemplo, calls vendidas em ativos-objetos com beta positivo ou puts vendidas em ativos-objetos com beta negativo).

  - Se $\beta\Delta$ é muito grande e negativo (baixa), adicionar novas posições com $\beta\Delta$ positivo (por exemplo, puts vendidas em ativos-objetos com beta positivo).

- Se a razão teta for muito grande (>0.2%), ou as posições existentes devem ser recentralizadas/ampliadas ou as posições de prêmio vendido devem ser removidas.

  - Se $\beta\Delta$ é muito grande e positivo (alta), remover as posições com $\beta\Delta$ positivo (por exemplo, puts vendidas em ativos-objetos com beta positivo).

  - Se $\beta\Delta$ é muito grande e negativo (baixa), remover as posições com $\beta\Delta$ negativo (por exemplo, calls vendidas em ativos-objetos com beta positivo).

- Se uma carteira bem diversificada e adequadamente alocada fornecer uma quantidade suficiente de teta, mas não for neutra em $\beta\Delta$, as posições existentes devem ser reavaliadas. Por exemplo, posições assimétricas devem ser fechadas e recentralizadas ou substituídas por novas posições delta neutras que ofereçam quantias comparáveis de teta.

Conclusões

1. A quantia do poder de compra de uma carteira alocada a posições de prêmio vendido deve ficar entre 25% e 50%, dependendo da volatilidade atual de mercado, com o capital remanescente mantido em dinheiro ou em investimento passivo de baixo risco. Do total alocado, ao menos 75% deve ser reservado para investimentos de risco indefinido (com não mais que 7% alocado para uma única posição) e um máximo de 25% para estratégias de risco definido (com não mais que 5% alocado para uma única posição). As diretrizes de alocação total da carteira *devem* ser seguidas, mas há mais leniência para as diretrizes de alocação por trading, especialmente em contas menores.

2. Uma carteira de opções é tipicamente composta de dois tipos de posição: principal e suplementar. Normalmente, as posições principais são tradings de POP alta, com variação moderada de P/L, que oferecem lucros consistentes e uma exposição atípica razoável. Posições suplementares não são necessariamente fontes confiáveis de lucro, mas sim ferramentas para engajamento de mercado. No máximo 25% do capital alocado para prêmio vendido deve ser destinado a posições suplementares.

3. Diferente das carteiras de ações, as de opções podem ser diversificadas no que tange a múltiplas variáveis, como duração/gerenciamento de tempo, ativo-objeto e estratégia. A diversificação dos ativos-objetos de uma carteira de opções continua a ser a ferramenta de diversificação mais essencial para a gestão de risco da carteira, particularmente a gestão de risco atípico.

4. O delta ponderado em beta ($\beta\Delta$) representa a quantidade de exposição direcional que uma posição tem em relação a algum índice, em vez de ao próprio ativo-objeto. O teta (θ) de uma carteira representa o crescimento diário esperado da carteira. A razão teta mínima para uma carteira de opções deve ficar em uma faixa de 0,05% e 0,1% e não deve ultrapassar 0,2%. Manter o equilíbrio dessas duas gregas garante que o perfil de risco-retorno de uma carteira de opções permaneça o mais próximo possível da meta.

Capítulo 8

Gerenciamento Avançado de Carteira

Depois de cobrir o básico necessário para o gerenciamento de carteira, este capítulo discutirá técnicas de otimização suplementares para investidores que podem acomodar tradings mais ativas.

As diretrizes para alocar capital, a diversificação de ativos-objetos e as gregas de uma carteira são algo essencial a se manter e são relativamente fáceis de empregar. Este capítulo apresentará algumas estratégias menos essenciais:

- Técnicas adicionais de diversificação de opções.
- Ponderação de ativos de acordo com a probabilidade de lucro (POP).

Diversificação Avançada

Conforme mencionado no capítulo anterior, uma das maiores diferenças estratégicas entre carteiras de ações e de opções é a capacidade de diversificar o risco em relação a outros fatores além do preço. A diversificação em relação ao ativo-objeto é a maneira mais eficaz de reduzir o efeito de eventos atípicos em uma carteira. A diversificação em relação a outras variáveis, como tempo e estratégia, exige um gerenciamento mais ativo, mas tende a reduzir a correlação de Profit e Loss (P/L) entre as posições. Por exemplo, imagine um desvio padrão de P/L por dia para strangles de SPY com diferentes durações, como mostrado na Figura 8.1.

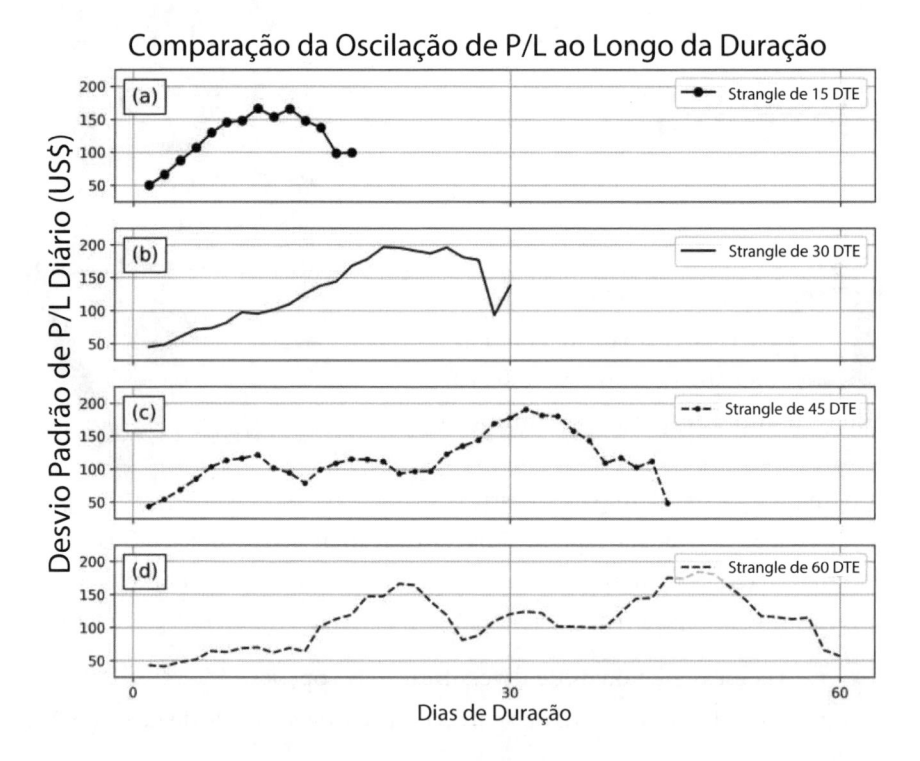

Figura 8.1 Desvio padrão de P/Ls diários (em dólares) para strangles de SPY de 16Δ com duração variada, de 2005 a 2021. Estão incluídas durações de (a) 15 dias para o vencimento (DTE), (b) 30 DTE, (c) 45 DTE e (d) 60 DTE.

Os tradings de prêmio vendido tendem a ter oscilações de P/L mais voláteis conforme se aproximam do vencimento, o resultado da posição ficando mais sensível a mudanças no tempo e no preço do ativo-objeto (gama e teta maiores). Como os contratos com durações diferentes têm sensibilidades variadas a esses fatores em um determinado momento, diversificar as escalas de tempo das posições da carteira reduz as correlações entre suas dinâmicas de P/L. Como negociar durações de contrato consistentes é importante para alcançar muitas ocorrências, a maneira mais eficaz de diversificar em relação ao tempo é negociar contratos com durações consistentes, mas com uma variedade de datas de vencimento. Essa estratégia atinge uma variedade de durações de contrato em uma carteira em um determinado momento sem comprometer o número de ocorrências. Apesar de sua eficácia, a diversificação em relação ao tempo não será totalmente abordada neste capítulo, porque é difícil mantê-la de forma conveniente e consistente.

A diversificação da estratégia, embora não tão essencial quanto a de ativo-objeto, é outra técnica de gerenciamento de risco que é mais direta que a diversificação de tempo. Esse método espalha o capital da carteira de forma eficaz entre diferentes perfis de risco, enquanto mantém a mesma premissa direcional de um dado ativo-objeto (ou um altamente correlacionado). Isso permite aos investidores capitalizar as dinâmicas direcionais de um ativo enquanto protegem uma porção do capital da carteira de perdas atípicas. Como um exemplo do potencial de diversificação desse método, imagine um backtest com três carteiras diferentes. Cada uma contém uma combinação de duas estratégias de SPY direcionalmente neutras: strangles e condores de ferro. O desempenho dessas carteiras nesse backtest em longo prazo é mostrado na Figura 8.2 e analisado na Tabela 8.1. O propósito desse backtest não é demonstrar o potencial de lucro ou perda associado aos condores de ferro e strangles de SPY combinados, mas ilustrar os possíveis efeitos da diversificação da estratégia no risco da carteira de acordo com uma amostra de resultados.

O impacto na diversificação é imediatamente claro, principalmente ao enfatizar os drawdowns (queda dos ativos) na crise de 2020. Os strangles e condores de ferro vivenciaram drawdowns pesados no início de 2020, ainda que os tradings de risco definido tenham risco e retorno baixos. Os drawdowns cumulativos como porcentagem do capital da carteira são aproximadamente os mesmos em todas as três carteiras (em torno de 150%). No entanto, os drawdowns como valor bruto em dólar foram significativamente maiores para a carteira de strangle, em comparação com a combinada. Em condições mais regulares de mercado, a carteira combinada também teria uma POP e um potencial de lucro muito maiores do que a carteira de condor de ferro e menos variabilidade de P/L e risco atípico do que a de strangle.

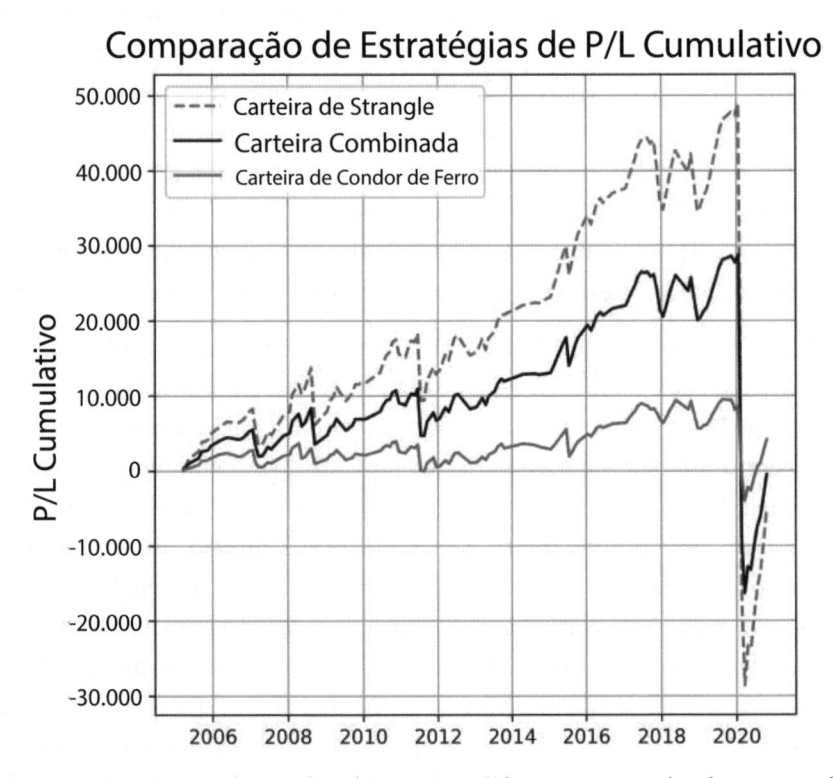

Figura 8.2 P/L cumulativo de três carteiras diferentes contendo alguma combinação de strangles de SPY e condores de ferro de SPY, mantidos até o vencimento, de 2005 a 2021. A carteira de strangle contém dez strangles; a combinada, cinco strangles e cinco condores de ferro; e a de condor de ferro, dez condores. Todos os contratos são negociados uma vez por ciclo de vencimento, abertos no início do ciclo e encerrados no vencimento. As posições têm o mesmo delta vendido (16Δ), aproximadamente a mesma duração (45 DTE) e as mesmas datas de abertura e encerramento. Os strikes das calls comprados dos condores de ferro são de aproximadamente 10Δ.

Esse exemplo mostra como diversificar o capital da carteira entre estratégias de risco definido e indefinido e permite ao investidor capitalizar as tendências direcionais de um ativo-objeto (ou vários ativos-objetos altamente correlacionados), enquanto protege uma fração do capital de eventos atípicos improváveis. No entanto, esse exemplo combina estratégias de uma forma altamente simplificada, pois a volatilidade implícita (IV) de mercado, as diretrizes de alocação de capital, as técnicas alternativas de gerenciamento e os fatores específicos da estratégia não são considerados. Na prática, as estratégias de risco definido e indefinido alcançam as metas de P/L em diferentes taxas e, com frequência, exigem estratégias de gerenciamento diferentes. A porcentagem de capital alocado para uma única posição também depende de vários fatores, incluindo a redução do poder de compra (BPR) de um trading (máximo de 5% dos tradings de risco definido e 7% dos de risco indefinido) e a correlação com as posições existentes em uma carteira. Para investidores interessados em uma abordagem mais quantitativa para a alocação posicional de capital, os pesos de alocação podem ser estimados a partir da probabilidade de lucro da estratégia.

Tabela 8.1 Análise estatística de três carteiras ilustradas na Figura 8.2. As quatro primeiras estatísticas (POP, média de P/L, desvio padrão de P/L e valor condicional em risco (CVaR)) avaliam o desempenho da carteira durante condições de mercado mais regulares (2005 a 2020). A última coluna traz o drawdown de pior caso, durante a crise de 2020 (as perdas acumuladas de fevereiro a março de 2020).

Tipo de Carteira	POP	Média de P/L	Desvio Padrão de P/L	CVaR (5%)	Drawdown de Pior Caso
		2005 a 2020			Crise de 2020
Strangle	76%	US$379	US$1.803	-US$5.174	-US$77.520
Combinada	75%	US$221	US$1.275	-US$3.648	-US$45.080
Condor de Ferro	67%	US$64	US$799	-US$2.324	-US$12.640

Equilíbrio de Capital de Acordo com a POP

A proporção de capital alocado para uma posição pode ser estimada a partir da POP da estratégia. Uma porcentagem apropriada do poder de compra pode ser estimada usando-se a fórmula a seguir, derivada do Critério de Kelly:[1]

$$f = r \cdot \frac{DTE}{365} \cdot \frac{POP}{1 - POP} \tag{8.1}$$

Na qual r é a taxa de retorno anual sem risco, DTE corresponde aos dias até o vencimento ou a duração do contrato (em dias corridos), e a POP é a probabilidade de lucro da estratégia.[2] Aproximar a taxa livre de risco não é algo simples, porque é uma constante não observável em todo o mercado, mas a taxa de títulos de longo prazo é comumente usada como uma estimativa conservadora. Para o restante deste capítulo, a taxa livre de risco será estimada em aproximadamente 3% para simplificar. Para ver alguns exemplos de percentuais de alocação de carteira calculados usando essa equação, veja a Tabela 8.2.

Tabela 8.2 POPs e percentuais de alocação do poder de compra para strangles de SPY, QQQ e GLD de 45 DTE 16Δ, de 2011 a 2018.

	Estatísticas de Strangles (2011 a 2018)	
	POP	Percentuais de Alocação
Strangle de SPY	79%	1,4%
Strangle de QQQ	73%	1%
Strangle de GLD	84%	1,9%

A equação anterior sugere que a quantidade do poder de compra de uma carteira alocado para essas posições deve alcançar de 1% a 1,9%, mas esses cálculos não levam em conta a correlação entre as posições. Estratégias com

1   Para uma introdução ao Critério de Kelly, ver apêndice.

2 As POPs usadas neste capítulo são calculadas a partir de dados históricos de opções. Dados de opções são ideais para análises estatísticas, mas inacessíveis à maioria das pessoas. As plataformas de trading geralmente fornecem a POP teórica de uma estratégia, que pode substituir a POP medida por esses cálculos.

ativos-objetos perfeitamente correlacionados devem ser contadas contra a mesma porcentagem do capital da carteira, porque a Equação (8.1) exige que os tradings sejam independentes uns dos outros. Nesse exemplo, porque o SPY e o QQQ são altamente correlacionados entre si, mas mutuamente não correlacionados com GLD, os strangles de GLD podem ocupar 1,9% do poder de compra da carteira, e os strangles de SPY e de QQQ *combinados* devem ocupar em torno de 1,4% (a maior das duas porcentagens de alocação). Como SPY e QQQ não são perfeitamente correlacionados, esse é um limite inferior conservador.

Em média, esses percentuais de alocação são bem baixos, porque o Critério de Kelly defende que se faça muitas apostas pequenas e não correlacionadas. Ao visar uma alocação entre 25% e 50% do poder de compra da carteira, respeitar estritamente esses tamanhos de aposta não é muito prático; simplesmente não há ativos-objetos não correlacionados suficientes. O valor da taxa livre de riscos fornece uma estimativa *conservadora* para a alocação ideal de capital, o que justifica uma escalada desses percentuais e a adoção de uma abordagem mais agressiva. Para aumentar esses percentuais sem violar as diretrizes de alocação de capital, esses tamanhos de apostas podem ser usados como uma heurística para estimar as *proporções* de alocação de capital, em vez de porcentagens explícitas. Por exemplo, em vez de alocar de acordo com os pesos da POP, uma abordagem mais heurística seria assim:

- De acordo com as estimativas iniciais, 1,4% do poder de compra da carteira deveria ser alocado para strangles de SPY, e 1,9%, para strangles de GLD.
- Dividindo por 1,9, esses pesos correspondem a uma média de aproximadamente 0,74:1,0.
- Isso significa que os strangles de SPY devem ocupar em torno de 0,74 vezes o poder de compra de carteira de strangles de GLD.
- Se a alocação máxima por trade de 7% vai em direção aos strangles de GLD, então aproximadamente 5,2% (derivado de 0,74 × 7% = 5,2%) deve ser alocado para strangles de SPY.

Para continuar esse exemplo, suponha que o capital alocado para strangles de SPY é, ainda, dividido entre strangles de SPY e de QQQ. Embora esses ativos-objetos sejam correlacionados, dividir o capital entre essas posições alcança uma maior diversificação do que alocar todos os 5,2% para um único ativo-objeto. Esse processo também pode ser estimado usando-se os pesos de POP:

- De acordo com as estimativas iniciais, 1,4% do poder de compra da carteira deve ser alocado para strangles de SPY, e 1%, para os de QQQ.
- Dividindo por 2,4% (de 1,4% + 1,0%), esses pesos correspondem a uma razão de aproximadamente 0,58:0,42.
- Isso significa que os strangles de SPY devem ocupar 58% da alocação de capital, e os de QQQ, 42%.
- Se um máximo de 5,2% pode ser alocado para essas posições, então 3% do capital da carteira deve ir para os strangles de SPY, e 2,2%, para os de QQQ.

Essa fórmula de dimensionamento, quando combinada com os limites de dimensionamento de posição das diretrizes de alocação de capital, permite que os investidores construam pesos de carteira que se nivelam à POP de uma estratégia sem expor em excesso o capital a riscos atípicos. Esses dois conceitos formam uma base simples, mas efetiva, de construção de carteira de opções.

Construindo uma Amostra de Carteira

Nesta seção, as diretrizes simplificadas de alocação de capital, diversificação de opções e ponderação por POP são combinadas para criar uma amostra de carteira. A carteira mostrada aqui será construída usando-se dados de janeiro de 2011 a 1º de janeiro de 2018, e backtestadas com dados de 2 de janeiro de 2018 a setembro de 2019. Esse backtest se concentrará em implementar algumas das técnicas de construção de carteira tratadas nos Capítulos 7 e 8. Essa amostra de carteira tem seis diferentes posições principais (todas strangles), cada uma ocupando uma quantia constante do capital da carteira, determinada pelo método de dimensionamento de peso de POP descrito na seção anterior. As três simplificações a seguir são feitas para facilitar a análise e a compreensão:

1. Nem a IV de mercado e nem a IV do ativo-objeto são consideradas. Aumentar a alocação de carteira quando a IV de mercado aumenta é uma maneira eficaz de capitalizar preços de prêmio mais altos, assim como focar em ativos-objetos com volatilidades implícitas infladas. Como 30% do capital da carteira será constantemente atribuído às mesmas posições de prêmio vendido ao longo desse backtest, o

potencial de lucro será significativamente limitado. Portanto, o foco dessa análise é o gerenciamento de risco.

2. Esse estudo utiliza somente strangles com fundos negociados em bolsa (ETF) ativos-objetos, em vez de combinações de estratégias. Isso torna a carteira aproximadamente delta neutra e elimina a necessidade de justificar premissas direcionais ou perfis de risco específicos para ativos individuais. Ao desconsiderar as ações subjacentes, eventos binários específicos de ações, como ganhos e dividendos, não se aplicam. Isso também significa que o potencial de lucro adicional derivado de posições suplementares (que tendem a ter um risco maior e incluem ações subjacentes) não será contabilizado nesse backtest.

3. Em vez de gerenciar os tradings em taxas fixas de lucro, todos os tradings nesse backtest serão abertos aproximadamente no início e encerrados no fim do mês.

Passo 1: Identificar ativos-objetos adequados usando-se dados anteriores. As posições principais devem ter desvio padrão de P/L moderado e ativos-objetos bem diversificados. ETFs, como os da Tabela 8.3, são candidatos viáveis a ativos-objetos de posições principais. Embora os ETFs de mercado sejam altamente correlacionados, um número suficiente de ativos inversamente ou não correlacionados pode alcançar uma redução considerável de risco idiossincrático.

Tabela 8.3 Correlação entre ETFs diferentes, de 2011 a 2018. Estão incluídos dois ETFs de mercado (SPY e QQQ), um ETF de ouro (GLD), um ETF de títulos (TLT), um ETF de moeda (FXE Euro) e um ETF de utilidades (XLU).

Correlação (2011–2018)

		SPY	QQQ	GLD	TLT	FXE	XLU
ETFs de Mercado	**SPY**	1,0	0,88	-0,02	-0,44	0,16	0,49
	QQQ	0,88	1,0	-0,03	-0,36	0,12	0,35
	GLD	-0,02	-0,03	1,0	0,19	0,34	0,08
	TLT	-0,44	-0,36	0,19	1,0	-0,03	-0,04
ETFs Diversos	**FXE**	0,16	0,12	0,34	-0,03	1,0	0,18
	XLU	0,49	0,35	0,08	-0,04	0,18	1,0

Passo 2: Calcular o percentual do capital da carteira que deve ser alocado para cada posição. Esses percentuais podem ser estimados com a Equação (8.1) e dimensionados de acordo com a metodologia descrita na seção anterior, como mostrado na Tabela 8.4.

As posições mostradas na Tabela 8.4 têm POP alta, desvio padrão de P/L moderado e ativos-objetos bem diversificados, com quantias alocadas abaixo de 7% do poder de compra máximo por trading. O poder de compra total da carteira alocado para prêmio vendido é 30%, que é próximo o suficiente do mínimo de 25%, bastando para esse backtest. Com a carteira inicializada usando dados de 2011 ao início de 2018, agora pode haver o backtest com novos dados do início de 2018 ao fim de 2019, tendo em mente que esse teste não leva em consideração a gestão dinâmica ou a volatilidade implícita. Os resultados do backtest dessa amostra de carteira estão na Figura 8.3 e na Tabela 8.5.[3]

Tabela 8.4 Estatísticas de posições principais para strangles de 45 DTE 16Δ, de 2011 a 2018. A taxa de alocação são as porcentagens de alocação normalizadas de modo que o maior tamanho de aposta seja definido como 1,0. Os pesos de carteira são determinados multiplicando-se o índice de alocação por 7% (a porcentagem máxima de alocação por trade). Os pesos ajustados da carteira mostram como o capital da carteira é dividido entre ativos altamente correlacionados.

	Estatísticas de Posições Principais (2011–2018)	
	POP	Percentuais de Alocação
Strangle de SPY	79%	1,4%
Strangle de QQQ	73%	1%
Strangle de GLD	84%	1,9%
Strangle de TLT	78%	1,3%
Strangle de FXE	83%	1,8%
Strangle de XLU	81%	1,6%

---

3   Esse backtest demonstra um resultado específico entre muitos possíveis ao negociar prêmios vendidos. A meta desse backtest é demonstrar como uma amostra de carteira se comporta em relação a outras carteiras semelhantes nessas circunstâncias específicas.

Índice de Alocação	SPY/QQQ:GLD:TLT:FXE:XLU 0,74:1,0:0,68:0,95:0,84
Pesos da Carteira	SPY/QQQ:GLD:TLT:FXE:XLU 5,2%:7%:4,8%:6,7%:5,9%
Pesos Ajustados da Carteira	SPY:QQQ:GLD:TLT:FXE:XLU 3%:2,2%:7%:4,8%:6,7%:5,9%

Interessantemente, a Tabela 8.5 mostra que a carteira de ações foi a mais volátil das três e experimentou o maior drawdown de pior caso, apesar de ter menos cauda de exposição do que as carteiras de opções. A carteira ponderada por POP teve um desempenho mais consistente e significativamente menos desvio padrão por trading do que qualquer uma das outras duas, com POP por trading correspondendo à carteira de peso igual e média de P/L comparável à da carteira de ações. Apesar de consistir em estratégias de risco indefinido, a carteira ponderada por POP teve quase metade da variabilidade de P/L e perda de pior caso tidas pela carteira de ações ao longo do período de backtest. A carteira de strangle de peso igual também teve um desempenho inferior em comparação com a carteira ponderada por POP, embora não tenha experimentado mais variações de P/L ou drawdowns graves em comparação com uma carteira comparável de ações. Reiterando, o desempenho de ambas as carteiras de strangles pode ser otimizado ainda mais aumentando-se a porcentagem de alocação de acordo com a volatilidade de mercado (o que pode ser feito com a adição de posições de prêmio vendido não correlacionadas) ou incorporando-se estratégias de gerenciamento mais complexas. Ainda assim, esse backtest simplificado ilustra o impacto da incorporação das técnicas de gerenciamento de risco de alocação de capital, diversificação e alocação ponderada por POP.

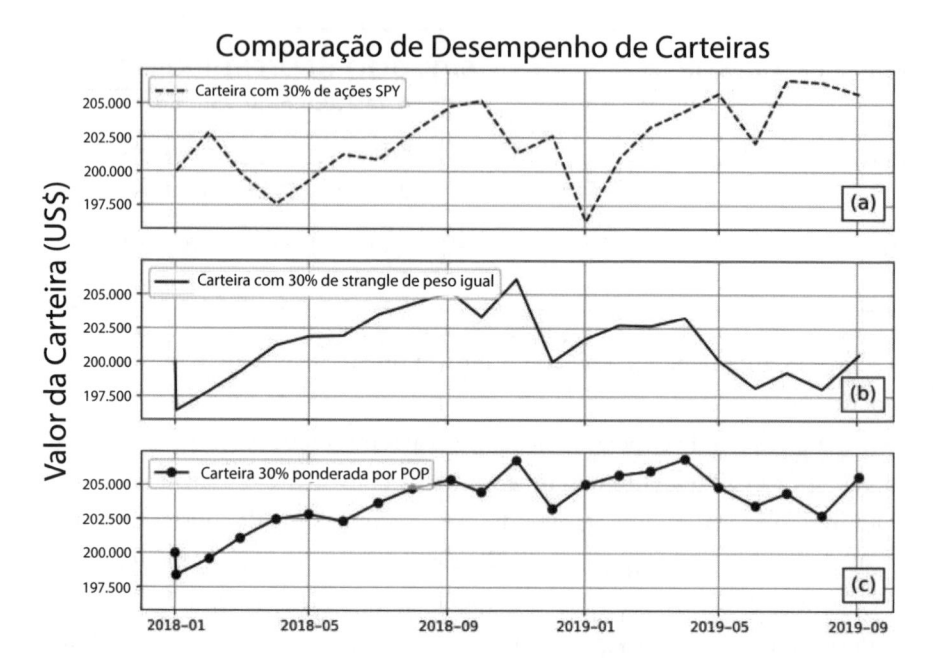

Figura 8.3 Desempenho de carteira de três diferentes carteiras, do começo de 2018 até setembro de 2019. Cada uma tem US$200 mil de capital inicial, com 30% do capital da carteira alocado. Essa quantia inicial de US$200 mil permite ao menos um trading para cada tipo de posição, o que não é possível com US$100 mil de capital inicial. A carteira com 30% de ações SPY (a) tem 30% alocado a ações SPY. A carteira com 30% de strangle de peso igual (b) tem 5% alocados para cada um dos 6 tipos de strangles, e a carteira 30% ponderada por POP (c) tem os 30% ponderados de acordo com os percentuais da Tabela 8.4. Todos os contratos têm o mesmo delta (16Δ), duração idêntica (cerca de 45 DTE) e as mesmas datas de abertura e encerramento. Para efeito de comparação, os trades da carteira de ações são abertos no primeiro dia de cada mês e encerrados no final de cada mês.

Tabela 8.5 Estatísticas de desempenho das carteiras no backtest para as três descritas na Figura 8.3, de 2018 a 2019.

Tipo de Carteira	Comparação do Desempenho de Carteiras (2018 a 2019)			
	POP	Média de P/L	Desvio Padrão de P/L	Pior Perda
Ações SPY	60%	US$285	US$2.879	–US$6.319
Peso Igual	67%	US$26	US$2.440	–US$6.117
Ponderada por POP	67%	US$268	US$1.610	–US$3.561

A heurística POP/1-POP derivada do Critério de Kelly fornece um bom guia do quanto do capital deve ser alocado para um trade ao iniciar uma carteira, indicando que mais capital deve ser alocado para tradings com POP maior e menos capital deve ser alocado para tradings menos confiáveis. No entanto, esse método não fornece uma estrutura completa para o gerenciamento dinâmico de carteira. Em diferentes períodos, muitas vezes os trades atingem suas metas de lucro ou perda, exigem uma recentralização de exercício ou apresentam novas oportunidades. Os investidores podem simplificar os complexos processos de gerenciamento ao, por exemplo, escolher a mesma duração de contrato ou estratégia de gerenciamento para todas as negociações em uma carteira. No entanto, uma estrutura para navegar nessas circunstâncias dinâmicas ainda é necessária, e é aqui que as gregas da carteira e o protocolo de reequilíbrio descrito no Capítulo 7 são particularmente úteis.

Conclusões

1. As opções podem ser diversificadas em relação a muitas variáveis, mas diversificar as ações subjacentes de uma carteira de opções continua a ser o mais essencial para a gestão de risco da carteira. Os investidores que podem acomodar mais envolvimento e estão interessados em maior diversificação também podem diversificar as posições em relação ao tempo e à estratégia.

2. A diversificação, no que tange ao tempo, tende a reduzir as correlações entre as posições da carteira, porque os contratos respondem

de forma diferente às mudanças no tempo, à volatilidade e ao preço do ativo-objeto, dependendo da duração. A forma mais efetiva de diversificar, a respeito de tempo, sem comprometer as ocorrências é negociar os contratos com durações consistentes, mas uma variedade de datas de vencimento. Essa estratégia é difícil de manter com consistência, no entanto, particularmente quando se usam várias estratégias de gerenciamento.

3. A diversificação do capital da carteira em estratégias de risco definido e indefinido permite que os investidores capitalizem as tendências direcionais de um ativo-objeto, protegendo uma fração do capital de eventos atípicos improváveis. Ao implementar essa técnica de diversificação, observe que estratégias de risco definido e indefinido normalmente atingem metas de P/L em taxas diferentes e geralmente exigem estratégias de gerenciamento diferentes.

4. O percentual de capital alocado a uma única posição pode ser calculado pela POP da estratégia e pela correlação entre as posições de carteira existentes. A porcentagem de capital da carteira alocado para uma única posição pode ser estimado usando a Equação (8.1); no entanto, esse percentual também pode ser ampliado, porque a taxa livre de risco produz uma estimativa muito conservadora.

Capítulo 9

Eventos Binários

Até agora, este livro destacou expansões imprevisíveis de volatilidade implícita (IV) e seu impacto em carteiras de prêmios vendidos. No entanto, os investidores podem esperar uma certa classe de expansões e contrações de IV com quase certeza. Essas dinâmicas de volatilidade esperadas são resultado de *eventos binários*. Um evento binário é um evento futuro *conhecido* que afeta um ativo específico (ou grupo de ativos) e que se *prevê* que criará um grande movimento de preço. Embora *espere-se* que a variação de preços aumente, isso pode acontecer ou não, dependendo do resultado do evento binário.[1] Alguns exemplos de eventos binários incluem divulgação de balanços de empresas (que motivam tradings/jogadas de ganhos), anúncios de novos produtos, relatórios do mercado de petróleo, eleições e anúncios do Federal Reserve (banco central dos EUA) relativos ao mercado mais amplo.

---

1   O termo binário é usado para descrever sistemas que podem existir em um de dois estados possíveis (ligado/desligado, sim/não). Nesse contexto, um evento binário é um tipo de evento em que as mudanças de preço ou permanecem dentro das expectativas ou as superam.

Como a data da oscilação de preço antecipada é conhecida, normalmente há uma demanda significativa por contratos que expiram em ou após o evento binário para esse ativo-objeto. Essa demanda aumentada resulta em um crescimento da IV do ativo, que geralmente se contrai de volta para os níveis não influenciados pelo evento imediatamente após o resultado ser conhecido. Essa tendência é mostrada na Figura 9.1.

O impacto de uma expansão de volatilidade de evento binário difere daquele de períodos inesperados de volatilidade de mercado, porque as opções que se aproximam de eventos binários são precificadas para refletir a expectativa de grandes movimentos no ativo-objeto. No entanto, os créditos altos e as contrações imediatas na volatilidade que resultam de eventos binários com frequência não necessariamente se traduzem em lucros maiores (ou prováveis) para posições de prêmio vendido. Isso porque a *magnitude* do movimento do preço que se segue ao resultado do evento binário é imprevisível e pode ir ao encontro das expectativas ou de encontro a elas. Em média, a resposta do mercado ao evento binário tende a ser bem grande, fazendo com que as estratégias de opções vendidas que capitalizam essas condições sejam *altamente* voláteis e não necessariamente lucrativas em longo prazo. Esse fenômeno também segue uma hipótese de mercado eficiente (EMH), assim como a natureza bem compreendida dos eventos binários desafia qualquer vantagem consistente para esses tipos de estratégias.

Não há evidências fortes de que comprar ou vender prêmios durante eventos binários forneça uma vantagem consistente em relação à probabilidade de lucro (POP) ou à média de ganhos (P/L), porque muito da vantagem de superavaliação da IV é perdido nos grandes movimentos após um evento binário. No entanto, os trades durante esses eventos são um uso de capital muito eficiente em termos de tempo, porque as contrações de volatilidade acontecem mais rápida e previsivelmente do que em condições de mercado mais regulares. Os tradings em eventos binários também podem ser atrativos para os investidores tolerantes ao risco, como uma fonte de engajamento de mercado. Durante a temporada de balanços, uma única semana pode apresentar até vinte oportunidades de alto risco/alto retorno para trades de resultados de empresas. Os tradings em eventos binários também podem ser educativos para novos investidores que desejem aprender como ajustar posições em condições de alta volatilidade e mudanças rápidas fora de grandes crises. Esses tipos de trades, por serem realizados em circunstâncias únicas, são estruturados e administrados de forma diferente daquela de posições principais e suplementares.

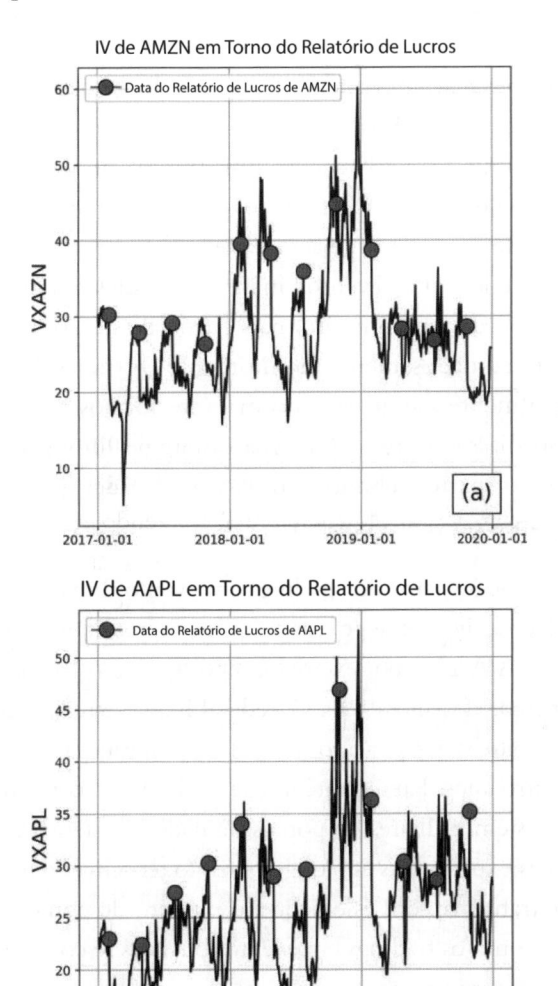

Figura 9.1 Índices de IV para diferentes ações, de 2017 a 2020. Entre os ativos estão (a) AMZN (ações da Amazon) e (b) AAPL (ações da Apple).

Estratégias de Opções para Eventos Binários

Como os tradings em eventos binários são altamente voláteis e não têm evidências fortes de uma vantagem estatística de longo prazo, eles devem ocupar apenas capital sobressalente na carteira, e o tamanho de sua posição deve ser mantido *excepcionalmente* pequeno. Por exemplo, se o tamanho normal de posição de um strangle de AAPL para um investidor é um lote 5 (5 calls, 5 puts, cada uma escrita para 100 ações), um strangle de resultados de AAPL pode incluir um ou dois lotes. Além disso, os ativos-objetos para tradings de eventos binários são normalmente ações, com relatórios de lucros trimestrais sendo o tipo mais comum de evento binário. Os trades durante esses eventos ocorrem em escalas de tempo muito mais curtas do que os tradings mais típicos e devem ser cuidadosamente monitorados. Os trades de resultados, por exemplo, normalmente são abertos no dia anterior aos relatórios de lucros e encerrados no dia seguinte a eles. Essa estratégia limita o risco negativo e capitaliza a maior parte da contração da volatilidade, que tende a ocorrer imediatamente após o evento binário.

O sucesso em longo prazo dos tradings em eventos binários é difícil de verificar, porque há relativamente poucas ocorrências, resultando em uma alta incerteza estatística. A AAPL, por exemplo, reportou lucros apenas cerca de cem vezes desde a metade dos anos 1990. O Federal Reserve realiza conferências de imprensa apenas oito vezes por ano, e eleições majoritárias ocorrem apenas a cada dois ou quatro anos. Para estratégias de trading não construídas em torno de resultados, existem milhares de pontos de dados e estatísticas que são mais representativas das expectativas em longo prazo (o teorema do limite central em ação). Portanto, trabalhar com esse pequeno número de pontos de dados pode dar uma *ideia* de como os tradings em eventos binários se comportaram no passado, mas isso deve ser visto com certo ceticismo. As Tabelas 9.1 a 9.3 demonstram como os trades de resultados para três empresas de tecnologia diferentes se comportaram ao longo de quinze anos.

Claramente, há uma variabilidade significativa no desempenho de estratégias para esses três ativos-objetos diferentes. Reiterando, uma incerteza estatística alta dificulta tomar conclusões definitivas sobre o sucesso dos trades de resultados, mas algumas tendências consistentes são observáveis. Os trades de resultados são altamente sensíveis a mudanças no tempo. Isso é evidenciado pelas diferenças significativas nas estatísticas por trading, além do anúncio de lucros, e demonstra por que os tradings em eventos binários devem ser monitorados de perto. Normalmente, a *maioria* dos trades de resultado é lucrativa, mas não necessariamente gera um lucro médio em longo prazo devido ao alto desvio padrão por trading.

Tabela 9.1 Estatísticas para strangles de AAPL de 16Δ a 45 dias do vencimento (DTE), de 2005 a 2020. Os tradings foram abertos no dia anterior a um relatório de lucros e encerrados em 1, 5, 10 ou 20 dias após os relatórios.

Estatísticas de Strangles de AAPL (2005 a 2020)

Dia de Encerramento da Posição em Relação aos Relatórios	POP	Média de P/L	Desvio Padrão de P/L	Valor Condicional em Risco (CVaR) (5%)
Dia Seguinte	72%	US$85	US$203	-US$405
5 Dias Depois	70%	US$43	US$400	-US$1.027
10 Dias Depois	61%	US$60	US$408	-US$1.025
20 Dias Depois	56%	-US$34	US$660	-US$1.976

Tabela 9.2 Estatísticas para strangles de AMZN de 45 DTE 16Δ, de 2005 a 2020. Os tradings foram abertos no dia anterior a um relatório de lucros e encerrados em 1, 5, 10 ou 20 dias após os relatórios.

Estatísticas de Strangles de AMZN (2005 a 2020)

Dia de Encerramento da Posição em Relação aos Relatórios	POP	Média de P/L	Desvio Padrão de P/L	CVaR (5%)
Dia Seguinte	65%	US$99	US$803	-US$1.927
5 Dias Depois	65%	US$85	US$842	-US$2.154
10 Dias Depois	72%	US$1	US$1.446	-US$4.416
20 Dias Depois	76%	US$78	US$1.540	--US$4.477

Tabela 9.3 Estatísticas para strangles de GOOGL de 45 DTE 16Δ, de 2005 a 2020. Os tradings foram abertos no dia anterior a um relatório de lucros e encerrados em 1, 5, 10 ou 20 dias após os relatórios.

Estatísticas de Strangles de GOOGL (2005 a 2020)

Dia de Encerramento da Posição em Relação aos Relatórios	POP	Média de P/L	Desvio Padrão de P/L	CVaR (5%)
Dia Seguinte	75%	−US$60	US$1.320	-US$4.639
5 Dias Depois	67%	−US$113	US$1.358	-US$4.724
10 Dias Depois	65%	−US$122	US$1.275	-US$3.675
20 Dias Depois	71%	−US$2	US$1.584	-US$4.909

A variação por trade e a cauda de exposição também tendem a aumentar dependendo de quanto mais tempo o trading for mantido, indicando por que esses tipos de tradings devem ser de prazo relativamente curto. É por isso que geralmente os tradings em eventos binários, como os de resultados das empresas, são encerrados no dia seguinte ao evento binário.

Conclusões

1. Um evento binário é um evento futuro conhecido que afeta um ativo específico (ou grupo de ativos) que se antecipa e que criará um uma grande movimentação de preços. Essa antecipação cria demanda por contratos de opções que expirem durante ou após o evento binário e um aumento na IV do ativo. A IV normalmente se contrai a níveis pré-evento imediatamente após o resultado ser conhecido.

2. Os créditos (prêmios) altos e as contrações imediatas de volatilidade resultantes de eventos binários não necessariamente se traduzem em lucros grandes ou consistentes de prêmios vendidos, porque a magnitude da resposta do mercado é imprevisível. Os tradings em eventos binários geralmente são muito voláteis e fontes não confiáveis de lucro, mas podem ser usados para engajamento de mercado ou experiência educativa para novos investidores.

3. Tradings em eventos binários devem ocupar apenas capital sobressalente de carteira, e o tamanho de sua posição deve ser mantido *excepcionalmente* pequeno. Os tradings em eventos binários também devem ocorrer em escalas de tempo muito mais curtas do que os tradings mais típicos e devem ser cuidadosamente monitorados.

Capítulo 10

Conclusão e Ideias Principais

Os investidores de sucesso não dependem da sorte. Em vez disso, o sucesso em longo prazo dos investidores depende da habilidade deles de obter uma vantagem estatística consistente das ferramentas, estratégias e informações disponíveis. Este livro apresenta os principais conceitos de trades de opções e ensina a novos investidores como capitalizar a versatilidade e a eficiência de capital das opções de forma personalizada e responsável. As opções são instrumentos bastante complicados, mas este livro visa diminuir a curva de aprendizado, concentrando-se nos aspectos mais essenciais do trades de opções aplicada. A estrutura detalhada apresentada neste livro pode ser resumida de forma sucinta nas seguintes ideias principais:

1. A volatilidade implícita (IV) é uma proxy para o sentimento de risco de mercado derivado da oferta e demanda por segurança financeira. Quando os preços das opções aumentam, a IV aumenta; quando os preços das opções diminuem, a IV diminui. A IV dá a percepção de magnitude de movimentos futuros e não é direcional. Ela também

pode ser usada para aproximar o intervalo do preço esperado do desvio padrão de um ativo (embora isso não leve em consideração a assimetria de strike). O Índice de Volatilidade CBOE (VIX) serve para rastrear a IV para o S&P 500 e é usado como proxy para o risco percebido do mercado mais amplo. Supõe-se que o VIX, como todos os sinais de volatilidade, reverta-se para baixo após expansões significativas, o que indica alguma validade estatística em fazer suposições direcionais negativas sobre a volatilidade uma vez que ela está inflada.

2. Comparadas a estratégias de prêmio comprado, as de prêmio vendido rendem lucros mais consistentes e têm uma vantagem estatística de longo prazo. O trade-off, por receber lucros consistentes, é a exposição a perdas grandes e às vezes indefinidas, e é por isso que os dois objetivos mais importantes de um investidor de prêmio vendido são lucrar de forma consistente o suficiente para cobrir perdas moderadas e mais prováveis e construir uma carteira que possa sobreviver a perdas extremas improváveis.

3. A lucrabilidade de estratégias de opções vendidas depende de se ter um grande número de ocorrências para alcançar médias estatísticas positivas, uma consequência da lei dos grandes números e do teorema do limite central. No mínimo, são necessárias aproximadamente duzentas ocorrências para que o Profit (ganhos) e o Loss (perdas) médios (P/L) de uma estratégia convirjam para metas de lucro em longo prazo, e quanto mais, melhor.

4. As perdas extremas para posições de prêmio vendido são altamente improváveis, mas costumam acontecer quando as oscilações de preço de um ativo-objeto são grandes, enquanto o intervalo de movimento esperado é apertado (IV baixa). Como os grandes movimentos de preços na IV baixa são raros e difíceis de modelar de forma confiável, a forma mais efetiva de reduzir essa exposição é negociar os prêmios vendidos somente quando a IV está elevada.

5. Embora os ambientes de alta volatilidade sejam ideais para posições de prêmio vendido, essas posições têm alta probabilidade de lucros (POP) e alguma vantagem estatística em todos os ambientes de volatilidade. Além disso, como a volatilidade é baixa na maioria das vezes, negociar estratégias de opções vendidas em *todos* os ambientes de IV permite que os investidores lucrem de forma mais consistente

e aumentem o número de ocorrências. Para administrar a exposição ao risco atípico ao adotar essa estratégia, é essencial manter pequenos tamanhos de posição e limitar o montante de capital alocado para posições de prêmio vendido, principalmente quando a IV está baixa. Essa estratégia pode ser aprimorada ainda mais dimensionando-se o montante de capital alocado para o prêmio vendido de acordo com as condições atuais de mercado.

Faixa do VIX	Alocação Máxima de Carteira
0–15	25%
15–20	30%
20–30	35%
30–40	40%
40+	50%

6. A redução do poder de compra (BPR) ou chamada de margem é o total de capital necessário de uma carteira para colocar e manter um trades de opções. A BPR para opções compradas é meramente o custo do contrato, enquanto aquela para opções vendidas deve abranger ao menos 95% das perdas potenciais para fundos negociados em bolsa (ETF) ativos-objetos e 90% das perdas potenciais para ações subjacentes. A BPR é usada para avaliar o risco de prêmio vendido em uma base de trade a trade de duas formas: ela é uma métrica bastante confiável para a perda de pior caso de uma posição de risco indefinido e é usada para determinar se uma posição é apropriada para uma carteira, com base em seu poder de compra. Um trading de risco definido não deve ocupar mais que 5% do poder de compra de uma carteira, enquanto um de risco indefinido não deve ocupar mais de 7%, com exceções permitidas para contas pequenas. As fórmulas para a BPR são complicadas e específicas para o tipo de estratégia, mas a BPR para strangles vendidos é de aproximadamente 20% do preço do ativo-objeto. A BPR pode ser usada para comparar o risco de variações da mesma estratégia (por exemplo, strangle no ativo-objeto A x no ativo-objeto B), mas não pode ser usada para comparar riscos de estratégias com perfis de

risco diferentes (por exemplo, strangle no ativo-objeto A x condor de ferro no ativo-objeto A).

7. Os investidores negociam de acordo com suas metas de lucro, tolerância ao risco e crenças de mercado pessoais, mas geralmente é uma boa prática estar ciente do seguinte:

- Negocie apenas ativos-objeto com mercados de opções líquidos para minimizar o risco de iliquidez.
- A escolha do ativo-objeto é, de alguma forma, arbitrária, mas é importante selecionar um ativo-objeto com um nível de risco apropriado. Ações subjacentes tendem a ter risco e retorno mais altos do que os ETFs ativos-objetos. Isso significa que as ações subjacentes apresentam oportunidades de IV alta com mais frequência, mas têm maior exposição a risco de cauda e são mais caras para negociar.
- Escolha uma duração de contrato que seja um uso eficiente do poder de compra, permita consistência, ofereça um número razoável de ocorrências, tenha oscilações de P/L gerenciáveis ao longo da duração e tenha variabilidade de P/L final moderada. Durações entre trinta e sessenta dias são adequadas para a maioria dos investidores.
- Comparadas aos tradings de risco definido, os de risco indefinido têm maiores POPs, maior potencial de lucro, risco negativo ilimitado e BPRs maiores. Tradings de risco definido de POP alta, como condores de ferro amplos, têm perfis de risco comparáveis aos de tradings de risco indefinido, enquanto também oferecem proteção contra perdas extremas. Tais tradings podem ser mais adequados para condições de IV baixa em comparação com os tradings de risco indefinido e podem ocupar capital de carteira de risco indefinido.
- Contratos com deltas maiores têm maiores riscos e retornos do que os contratos com deltas menores. Ao negociar o prêmio, considere contratos entre 10Δ e 40Δ, que são grandes o suficiente para alcançar uma quantidade razoável de crescimento, mas pequenos o suficiente para ter oscilações de P/L e variabilidade de P/L final gerenciáveis.

8. Ao escolher uma estratégia de gerenciamento, os principais fatores a se considerar são a conveniência e a consistência, as preferências

de alocação de capital, o número desejável de ocorrências, a média de P/L por trade e a exposição por trading. Posições gerenciadas antecipadamente têm P/Ls menores por trade, mas menos risco de cauda do que as posições mantidas até o vencimento. Como o gerenciamento antecipado também acomoda mais ocorrências e gera maior média de P/L por dia, encerrar posições antes do vencimento e redistribuir capital para novas posições geralmente é um uso mais eficiente do capital em comparação com extrair mais valor de uma posição existente.

- Ao negociar de acordo com os dias até o vencimento (DTE), considere encerrar o trade em torno da metade da duração do contrato, para alcançar uma quantidade decente de lucro em longo prazo e justificar a exposição à cauda de perda.

- Ao negociar uma posição indefinida de acordo com uma meta de lucro, escolher uma meta entre 50% e 75% do crédito inicial permite lucros razoáveis, enquanto também reduz a potencial magnitude de perdas atípicas. Escolher uma meta de lucro muito baixa reduz a média de P/L, enquanto escolher uma meta muito alta pouco faz para mitigar o risco atípico. As metas de lucro para posições de risco definido podem ser mais baixas, por normalmente serem menos voláteis.

- Ao combinar estratégias, encerrar os contratos de risco indefinido em 50% do crédito inicial ou na metade da duração do contrato geralmente alcança lucros razoáveis e consistentes e modera o risco atípico.

- Se implementar um stop loss, estabelecer um limiar intermediário de limite de perda de pelo menos -200% do crédito inicial é algo prático. Se o limite de perda for muito pequeno (-50%, por exemplo), as perdas são mais prováveis, uma vez que as opções têm variação de P/L significativas, embora muitas vezes se recuperem. Também é importante observar que os stop losses não garantem uma perda máxima em casos de movimentos rápidos de preços, então os limites de perda geralmente são combinados com outra estratégia de gerenciamento, a menos que se negocie passivamente. Os limites de perda geralmente não são adequados para estratégias de risco definido.

9. Manter as diretrizes de alocação de capital é crucial para limitar a cauda de exposição e alcançar uma quantidade razoável de crescimento em longo prazo:

- A quantidade do poder de compra da carteira alocado para posições de prêmio vendido, como strangles vendidos e condores de ferro vendidos, devem ter uma faixa de 25% a 50%, dependendo da volatilidade atual de mercado, com o capital remanescente mantido em dinheiro ou em investimento passivo de baixo risco. [Consulte a Ideia 5].

- Do total alocado para prêmio vendido, ao menos 75% deve ser reservado para tradings de risco indefinido (com menos de 7% do poder de compra da carteira alocado para uma única posição) e um máximo de 25% reservado para estratégias de risco definido (com menos de 5% do poder de compra da carteira alocado para uma única posição) [Consulte a Ideia 6].

- De modo geral, um máximo de 25% do capital alocado para prêmio vendido deve ir para posições suplementares, ou tradings de risco e retorno maiores, que são ferramentas para engajamento de mercado. O restante deve ser destinado a posições principais ou tradings com POPs altas e variação moderada de P/L, que ofereçam lucros constantes e exposição atípica razoável.

10. Diversificar os ativo-objeto de uma carteira de opções (ou seja, negociar um grupo de ativos com baixa correlação) é uma das ferramentas de diversificação mais essenciais para o gerenciamento de risco da carteira, principalmente para o gerenciamento de risco atípico. A diversificação da estratégia e da duração, embora não tão essenciais quanto a diversificação de ativo-objeto, são outras técnicas diretas de gerenciamento de risco.

11. As gregas formam um conjunto de medidas de risco que quantificam diferentes dimensões de exposição para opções. Cada contrato tem seu próprio conjunto de gregas, mas algumas dessas são aditivas entre posições com ativos-objetos diferentes. Consequentemente, essas métricas podem ser usadas para resumir as várias fontes de risco para uma carteira e orientar ajustes. Duas gregas chave são delta ponderado em beta ($\beta\Delta$) e teta (θ). O delta ponderado em beta

representa a quantidade de exposição direcional que uma posição tem com relação a um índice, em vez de ao próprio ativo-objeto. O teta representa o declínio esperado por dia no valor de uma opção. Carteiras $\beta\Delta$ neutras são atraentes para os investidores, porque são relativamente insensíveis a movimentos direcionais no mercado e lucram com as mudanças na IV e no tempo.

12. Como os investidores de prêmio vendido lucram consistentemente com a desvalorização temporal, o teta total entre as posições fornece uma estimativa confiável para o crescimento diário esperado de uma carteira de opções vendidas. A razão mínima teta ($\theta_{carteira}$/liquidez corrente) de uma carteira de opções deve ter uma faixa de 0,05% a 0,1% e não deve exceder 0,2%, porque isso indica risco excessivo. Se uma carteira não atende a essas diretrizes de razão teta, as posições devem ser ajustadas da seguinte forma:

- Se uma carteira alocada adequadamente e bem diversificada é $\beta\Delta$ neutra, mas não fornece uma quantidade suficiente de teta, então as posições na carteira devem ser reavaliadas. Nesse caso, talvez alguns tradings de risco definido devam ser substituídos por outros de risco indefinido, ou as posições de risco indefinido devam ser roladas para deltas maiores. Novas posições delta neutras também podem ser adicionadas, como strangles e condores de ferro, por exemplo. A IV e o teta também são altamente correlacionados, significando que ativos--objetos com IV mais alta também podem ser considerados se o teta for muito baixo. Essas medidas podem ser revertidas se a carteira tiver muita exposição a teta enquanto permanece $\beta\Delta$ neutra.

- Se a razão teta for muito baixa (<0,1%) e a carteira não for $\beta\Delta$ neutra, as posições existentes devem ser recentralizadas ou apertadas, ou novas posições de prêmio vendido devem ser adicionadas.

    - Se $\beta\Delta$ for muito grande e positivo (alta), adicione novas posições com $\beta\Delta$ negativos (por exemplo, adicione calls vendidas em ativos-objetos com beta positivo ou puts vendidas em ativos-objetos com beta negativo.

    - Se $\beta\Delta$ for muito grande e negativo (baixa), adicione novas posições com $\beta\Delta$ positivo (por exemplo, puts vendidas em ativos--objetos com beta positivo).

- Se a razão teta é muito grande (>0.2%) e a carteira não é $\beta\Delta$ neutra, as posições existentes devem ser recentralizadas ou alargadas, ou as posições de prêmio vendido devem ser removidas.

  - Se $\beta\Delta$ é muito grande e positivo (alta), remover as posições com $\beta\Delta$ positivo (por exemplo, as puts vendidas em ativos-objetos com beta positivo).

  - Se $\beta\Delta$ é muito grande e negativo (baixa), remover as posições com $\beta\Delta$ negativo (por exemplo, as calls vendidas em ativos-objetos com beta positivo).

- Se uma carteira alocada adequadamente e bem diversificada fornece uma quantidade suficiente de teta, mas não é $\beta\Delta$ neutra, então as posições existentes devem ser reavaliadas. Por exemplo, posições assimétricas devem ser encerradas e recentralizadas ou substituídas por novas posições delta neutras que ofereçam quantidades comparáveis de teta.

13. Tradings em eventos binários, como aqueles em torno de relatórios de lucros trimestrais, devem ser negociados com cautela, ocupando apenas capital sobressalente de carteira, e o tamanho de sua posição deve ser mantido excepcionalmente pequeno. Tradings em eventos binários devem ser monitorados com cuidado e normalmente ocorrem em escalas de tempo muito mais curtas do que os tradings mais típicos. Eles geralmente são abertos no dia anterior a um evento binário e encerrados no dia seguinte.

Negociar opções não é para qualquer um. No entanto, para investidores que estão preparados para entender os complexos perfis de risco de opções, sentem-se confortáveis em aceitar certos níveis de exposição e estão dispostos a dedicar tempo ao trading ativo, as estratégias de prêmio vendido podem oferecer vantagem probabilística e potencial de lucro em qualquer tipo de mercado. Não existe a forma "certa" de negociar esses instrumentos; cada investidor tem suas metas de lucro e tolerância a risco únicas. Nosso desejo é que este livro guie os investidores de forma que tomem decisões mais bem informadas, que se alinhem melhor com seus objetivos pessoais.

Apêndice

I. Logaritmo, Distribuição Log-Normal e Movimento Geométrico Browniano,
com contribuição de Jacob Perlman

Para a seção seguinte, S_0 será o valor inicial de um ativo ou conjunto de ativos, e S_T será o valor no tempo T. Dados os objetivos do investimento, a estatística mais óbvia para avaliar um investimento ou carteira é o lucro ou prejuízo: $S_T - S_0$. No entanto, de acordo com a hipótese de mercado eficiente (EMH), os ativos devem ser julgados com relação ao seu tamanho inicial, representado usando-se retornos, $\frac{S_T}{S_0}$.

O retorno de um ativo do tempo 0 para o tempo T também pode ser escrito em termos de cada retorno individual ao longo desse período. Mais especificamente, para um número inteiro N, se $t_k = \frac{k}{N} \cdot T$, os retornos, $\frac{S_T}{S_0}$, podem ser divididos em um produto telescópico[1].

$$\frac{S_T}{S_0} = \frac{S_{t_1}}{S_{t_0}} \cdot \frac{S_{t_2}}{S_{t_1}} \cdot \ldots \cdot \frac{S_{t_{N-1}}}{S_{t_{N-2}}} \cdot \frac{S_{t_N}}{S_{t_{N-1}}} \tag{A.1}$$

A EMH afirma que cada termo nesse produto deve ser independente e distribuído de forma semelhante. O teorema do limite central e muitas outras ferramentas poderosas na teoria da probabilidade dizem respeito a *somas longas* de variáveis aleatórias independentes. Para aplicar essas ferramentas a esse produto telescópico de variáveis aleatórias, ele primeiro deve ser convertido em uma soma de variáveis aleatórias. Os logaritmos oferecem uma maneira conveniente de fazer isso.

---

1 Assim chamado porque numeradores e denominadores adjacentes se cancelam, permitindo que o produto longo seja colapsado como um telescópio.

As funções logarítmicas são uma classe de funções com aplicação ampla na ciência e na matemática. Embora existam várias definições equivalentes, a mais simples é como o inverso da exponenciação. Se x e b são números positivos e $b \neq 1$, o $\log_b x$ (leia-se "a base logarítmica b de x") é o número tal que $b^{\log_b x} = x$. Por exemplo, $4^2 = 16$ pode ser escrito equivalentemente como $\log_4(16) = 2$.

A escolha da base é muito arbitrária, afetando o logaritmo apenas por um múltiplo constante. Se $c \neq 1$ é outra base possível, então $\log_c x = \dfrac{1}{\log_b c} \log_b x$. Na matemática, a escolha mais comum é a Constante de Euler, um número especial: $e \approx 2{,}718$. Usar essa constante como base resulta no *logaritmo natural*, simbolizado como $\ln x = \log_e x$. A justificativa para essa escolha se resume em grande parte à conveniência de notação, como quando se derivam: $\dfrac{d \log_b x}{dx} = \dfrac{1}{\log_e b} \dfrac{1}{x}$. Nesse exemplo, como $\log_e e = 1$, o uso de ln evita o acúmulo de fatores constantes incômodos e não particularmente significativos.

Como $e^x \cdot e^y = e^{x+y}$, os logaritmos têm a propriedade útil[2] dada por:

$$\ln(x \cdot y) = \ln(x) + \ln(y) \qquad (A.2)$$

Essa propriedade transforma o produto telescópico mostrado em uma soma de pequenas peças independentes, dada pela seguinte equação:

$$\ln \frac{S_T}{S_0} = \ln \frac{S_{t_1}}{S_{t_0}} + \ln \frac{S_{t_2}}{S_{t_1}} + \ldots + \ln \frac{S_{t_{N-1}}}{S_{t_{N-2}}} + \ln \frac{S_{t_N}}{S_{t_{N-1}}} \qquad (A.3)$$

O teorema do limite central afirma que se uma variável aleatória é feita pela soma de muitas peças independentemente aleatórias, então o resultado será distribuído normalmente. Pode-se, portanto, concluir que os log-retornos normalmente são distribuídos. Observe o seguinte:

$$S_T = S_0 e^{\ln \frac{S_T}{S_0}} \qquad (A.4)$$

Isso sugere que o preço das ações segue uma distribuição log-normal ou uma na qual o logaritmo de uma variável aleatória é distribuído normalmente. No contexto de Black-Scholes, isso implica que os log-retornos das ações evoluem como movimento browniano (normalmente distribuído) e

---

2   Dito abstratamente, logaritmos são os homoformismos de grupo entre $(\mathbb{R}_{>0}, \cdot)$ e $(\mathbb{R}, +)$.

os preços das ações evoluem como movimento browniano geométrico (log-normalmente distribuído). A distribuição log-normal é mais apropriada para descrever os preços das ações porque essa distribuição não pode ter valores negativos e sofre assimetria de acordo com a volatilidade do preço, como mostrado nas comparações da Figura A.1.

II. Faixa Esperada, Assimetria de Strike e Sorriso de Volatilidade

A maior parte deste livro se refere à faixa esperada aproximada com a seguinte equação:

$$\text{Faixa esperada de 1 } \sigma \text{ (US\$)} = \text{Preço da ação} \cdot IV \cdot \sqrt{\frac{\text{Nº. de Dias do Calendário}}{365}}$$

(A.5)

Para um trading de ações a um preço atual S_0 com volatilidade σ e taxa livre de riscos r, a faixa de preços teórica de Black-Scholes de 1σ em um tempo futuro t para esse ativo é dada pela seguinte equação:

$$\text{Faixa esperada de } 1\sigma \text{ (\$)} = S_0 e^{rt \pm \sigma \sqrt{t}}$$

(A.6)

A equação em (A.5) é uma aproximação válida dessa fórmula quando $rt \pm \sigma \sqrt{t}$ é pequeno, que segue da relação matemática $e^x = 1 + x + O(x^2)$. Falando de modo geral, (A.5) é uma aproximação muito rudimentar para o intervalo esperado e torna-se menos precisa em condições e alta volatilidade, quando $rt \pm \sigma \sqrt{t}$ é maior.

Embora (A.5) ainda produza uma estimativa razoável para o intervalo esperado, o intervalo de movimento esperado de um desvio padrão é calculado na maioria das plataformas de trading de acordo com o seguinte:

Faixa esperada de 1 σ (\$) = 60% × Preço ATM Straddle + 30%

Preço de Exercício do Strangle 1 de ATM + 10% ×

Preço de Exercícios do Strangle 2 de ATM

(A.7)

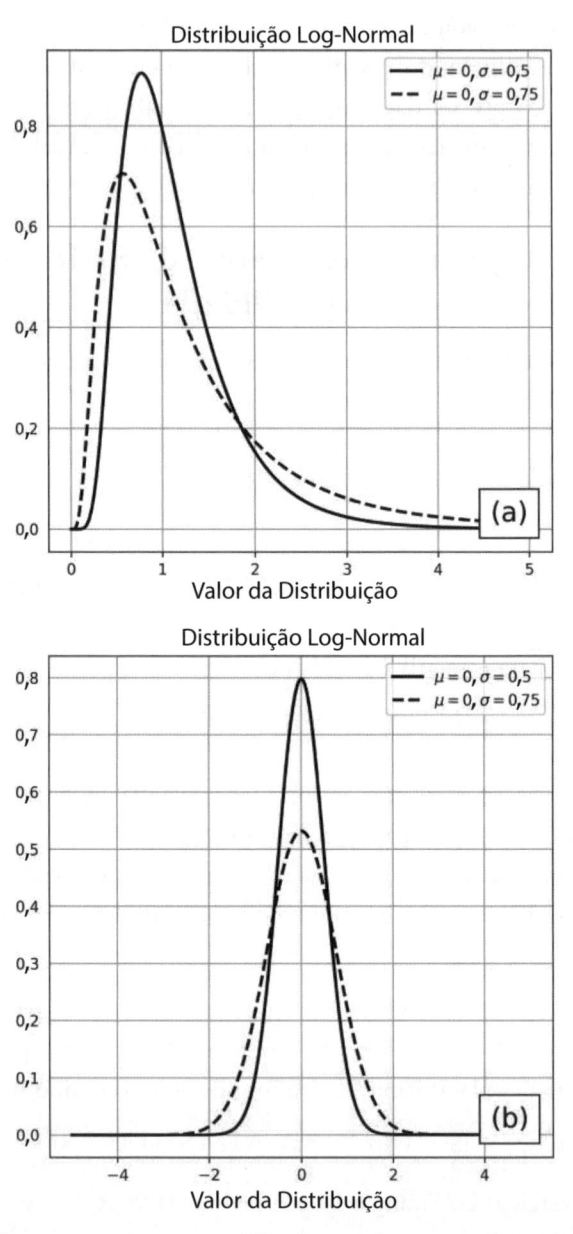

Figura A.1 Comparação entre uma distribuição log-normal (a) e uma normal (b). A média e o desvio padrão da distribuição normal são os parâmetros exponenciados da distribuição log-normal.

De acordo com a EMH, esse é simplesmente o deslocamento de preço futuro esperado, ou seja, o preço do straddle at-the-money (ATM), com os termos adicionais (preços de strangles próximos a ATM) para contrabalançar as caudas pesadas puxando o valor esperado além dos 68% centrais. Para ver como essa fórmula se compara com a aproximação (A.5), veja as estatísticas na Tabela A.1.

Tabela A.1 Aproximações de faixa de preço esperada de trinta dias para um ativo-objeto com um preço de US$100 e uma volatilidade implícita (IV) de 20%. De acordo com o modelo de Black-Scholes, o preço por ação para uma opção de trinta dias era US$4,58 para o straddle, US$3,64 para o strangle a um strike de ATM e US$2,85 para o strangle a dois strikes de ATM.

Comparação de Faixa de Preço Esperada em trinta Dias

Equação (A.5)	Equação (A.7)
± US$5,73	± US$4,13

Comparada à Equação (A.5), a Equação (A.7) é uma forma mais atraente de calcular a faixa esperada em plataformas de trading, porque é computacionalmente mais simples e independente de um modelo matemático rígido. No entanto, nenhum desses cálculos de intervalo esperado leva em consideração a *assimetria*.

Ao comparar contratos na cadeia de opções, um fenômeno interessante comumente observado é o *sorriso de volatilidade*. De acordo com o modelo de Black-Scholes, opções com o mesmo ativo-objeto e duração devem ter a mesma volatilidade implícita, independentemente do preço de exercício (já que a volatilidade é uma propriedade do ativo-objeto). No entanto, porque o mercado valoriza cada contrato de forma diferente e a volatilidade implícita é derivada dos preços das opções, a volatilidade implícita entre strikes varia com frequência. Um sorriso de volatilidade aparece quando a volatilidade implícita é a menor para contratos perto de ATM e aumenta conforme o strike se move em direção a out-of-the-money (OTM). Similarmente, um "meio sorriso de volatilidade" (volatility smirk, também conhecido como assimetria de volatilidade) é um sorriso de volatilidade ponderado, no qual as opções com strikes mais baixos tendem a ter IVs maiores do que as opções com strikes maiores. O oposto do meio sorriso de volatilidade é descrito como uma assimetria para cima, que é relativamente rara, tendo ocorrido, por exemplo, com o GME no início de 2021. Para um exemplo de assimetria de volatilidade, considere os dados de uma opção OTM de SPY a trinta dias do vencimento (DTE), mostrados na Figura A.2.

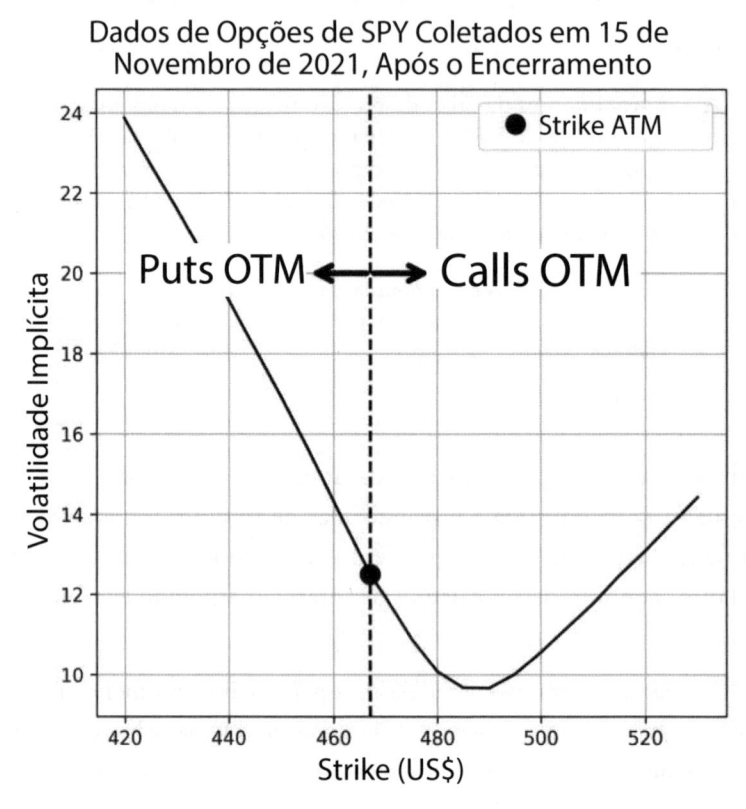

Figura A.2 Curva de volatilidade para calls e puts OTM de SPY a 30 DTE, coletada de 15 de novembro de 2021, após o fechamento.

A curva de volatilidade na Figura A.2 é claramente assimétrica em torno do exercício ATM, com as opções de strikes menores (puts OTM) tendo IVs maiores do que as opções com strikes maiores (calls OTM). Esse tipo de curva é útil para analisar o valor percebido dos contratos OTM. Comparadas à volatilidade de ATM, as puts OTM geralmente são supervalorizadas, enquanto as calls OTM normalmente são subvalorizadas até muito longe de OTM (perto de US$510). Isso sugere que os investidores estão dispostos a pagar um prêmio mais alto para se protegerem contra o risco negativo, em comparação com o risco positivo.

Esse é um exemplo de assimetria de put, uma consequência de contratos de put mais distantes de ATM serem percebidos como tão arriscados quanto os contratos de call mais próximos de ATM. A Tabela A.2 reproduz os dados do Capítulo 5.

Tabela A.2 Dados para strangles de SPY de 16Δ com durações diferentes, de 20 de abril de 2021. A primeira fileira é a distância entre o strike para uma put de 16Δ e o preço do ativo-objeto para diferentes DTEs (ou seja, se o preço do ativo-objeto é de US$100 e o strike para uma put de 16Δ é de US$95, a distância da put é [US$100 - US$95]/US$100 = 5%). A segunda fileira é a distância entre o strike para uma call de 16Δ e o preço do ativo-objeto para durações diferentes de contrato.

Distância de Opções de SPY de 16Δ para ATM

Tipo de Opção	15 DTE	30 DTE	45 DTE
Distância de Put	3,9%	6,5%	8%
Distância de Call	2,4%	3,9%	4,9%

Essa assimetria resulta do temor do mercado de um *drawdown*, o que significa que o mercado teme movimentos extremos maiores para o lado negativo do que para o lado positivo. De acordo com a EMH, essa assimetria já foi precificada no valor atual do ativo-objeto. Portanto, a assimetria de put implica que o mercado vê os grandes movimentos negativos como mais prováveis do que os positivos, mas pequenos movimentos positivos como sendo o resultado mais provável no geral. Para uma certa duração, os strikes para calls e puts de 16Δ correspondem aproximadamente ao intervalo esperado de um desvio padrão desse ativo durante esse período. Por exemplo, uma vez que o SPY foi negociado a, aproximadamente, US$413 em 20 de abril de 2021, o movimento positivo de preço esperado de trinta dias foi de US$16, e o movimento negativo, de US$27, de acordo com as opções de 16Δ.

III. Probabilidade Condicional

A probabilidade condicional é mencionada brevemente neste livro, mas é um conceito interessante na teoria da probabilidade, digno de uma breve discussão. A probabilidade condicional é a probabilidade de um evento ocorrer dada a ocorrência de outro evento. Considere os exemplos a seguir:

- Se o chão está molhado, qual a probabilidade de ter chovido?
- Se o rolar de um dado deu 6, qual a probabilidade de a próxima jogada também dar 6?
- Se o SPY subiu ontem, qual a probabilidade de subir amanhã?

Ao analisar probabilidades condicionalmente, observa-se a probabilidade de haver um determinado resultado dentro do contexto de informações conhecidas. Para os eventos A e B, a probabilidade condicional $P(B|A)$ (lida como a probabilidade de B, dado A) é calculada assim:

$$P(B|A) = \frac{P(A \cap B)}{P(A)} \qquad (A.8)$$

na qual $P(A)$ é a probabilidade de o evento A ocorrer e $P(A \cap B)$ é a probabilidade de A e B ocorrerem. Por exemplo, suponha que A é o evento onde chove em um determinado dia e $P(A) = 0,20$ (20% de chances de chover). Suponha que B é o evento onde há um tornado em um determinado dia, que haja 1% de chance de ocorrer um tornado em um determinado dia e que nunca ocorram tornados sem chuva, significando que $P(B) = P(A \cap B) = 0,01$. Portanto, dado que é um dia chuvoso, temos a seguinte probabilidade de que um tornado aconteça:

$$\text{Probabilidade de tornado, se chover} = P(B|A) = \frac{P(A \cap B)}{P(A)} = \frac{0,01}{0,20}$$

$$= 0,05 = 5\%$$

Em outras palavras, é cinco vezes mais provável que um tornado aconteça se estiver chovendo do que em circunstâncias regulares.

IV. O Critério de Kelly,
derivação cortesia de Jacob Perlman

O Critério de Kelly é um conceito da teoria da informação e originalmente foi criado para analisar a transmissão de sinais por meio do ruído nos canais de comunicação. Ele pode ser usado para determinar o tamanho ideal da aposta teórica para um jogo repetido, presumindo que as probabilidades e os pagamentos sejam conhecidos. O tamanho de aposta Kelly é a fração dos recursos reservados que maximiza a taxa de crescimento do jogo esperada em longo prazo, mais especificamente o logaritmo da riqueza. Para um jogo com uma probabilidade p de ganhar b e uma probabilidade $q = 1 - p$ de perder 1 (a aposta completa), o tamanho de aposta Kelly é dado da seguinte forma:

$$f = p - \frac{q}{b} \qquad \text{(A.9)}$$

Essa é a fração teoricamente ideal dos recursos reservados para maximizar a taxa de crescimento esperada do jogo. Uma breve justificativa para essa fórmula segue do artigo listado na Referência 4.

- Considere um jogo com probabilidade p de ganhar b e uma probabilidade $q = 1 - p$ de perder a aposta completa. Se um jogador tem W_0 de recursos iniciais e aposta uma fração disso, f, nesse jogo, a meta desse jogador é escolher um valor de f que maximize o crescimento de seus recursos após N apostas.

- Se um jogador tem N_W vitórias e N_L derrotas nas N rodadas desse jogo, então:

$$W_N = (1 + fb)^{N_W}(1 - f)^{N_L} W_0.$$

- Em muitas apostas desse jogo, a taxa de crescimento logarítmico é, então, dada pelo seguinte,

$$\frac{1}{N} \cdot \ln\left(\frac{W_N}{W_0}\right) = \frac{N_W}{N}\ln(1 + fb) + \frac{N_L}{N}\ln(1 - f)$$

$$\to p\ln(1 + fb) + q\ln(1 - f) \text{ as } N \to \infty,$$

seguindo a lei dos números grandes.

- O tamanho de aposta que maximiza a taxa de crescimento em longo prazo corresponde a $f = p - q/b$.

O Critério de Kelly também pode ser aplicado ao gerenciamento de ativos para determinar a porcentagem de alocação teoricamente ideal para um trading com probabilidade de lucro (POP) e margem conhecidas (ou aproximadas). Mais especificamente, para uma opção com dada duração e POP, a fração ideal dos recursos reservados para alocar a esse trading é de aproximadamente:

$$f = r \cdot \frac{\text{DTE}}{365} \cdot \frac{\text{POP}}{1 - \text{POP}} \qquad (A.10)$$

na qual r é a taxa livre de riscos e $\frac{\text{DTE}}{365}$ é a duração d trading em anos.

A derivação dessa equação é descrita a seguir:

- Para um jogo com uma probabilidade p de ganhar b e uma probabilidade $q = 1 - p$ de perder uma unidade, a mudança esperada nos recursos reservados após uma jogada é dada por $pb - q$.

- Para um investimento de tempo t, com uma taxa livre de riscos dada por r, a mudança esperada no valor é estimada por $e^{rt} - 1$, derivada do valor futuro do jogo com composição contínua. Assumindo que rt é pequeno, então $e^{rt} - 1 \approx rt$.

- Para que a aposta tenha um preço justo, a mudança nos recursos também deve ser igual a rt. Portanto, se $pb - q \approx rt$, as probabilidades para esse trade podem ser estimadas como $b \approx \frac{rt+q}{p} = \frac{1+rt}{p} - 1$.

- Usando esse valor para b na fórmula do Critério de Kelly, chega-se ao seguinte:

$$f = p - \frac{q}{b} = p - \frac{1 - p}{\frac{1}{p} \cdot (1 + rt) - 1}$$

$$= \frac{(1 + rt) - p - 1 + p}{\frac{1}{p} \cdot (1 + rt) - 1} = \frac{rt}{\frac{1}{p} \cdot (1 + rt) - 1}$$

$$\approx \frac{rt}{\frac{1}{p} - 1} = rt\frac{p}{1 - p}$$

- Isso, então, produz a proporção ideal aproximada dos recursos para alocar a um determinado trading, substituindo $\frac{\text{DTE}}{365}$ por t e POP por p.

Glossário de Siglas Comuns, Acrônimos, Variáveis e Equações Matemáticas

Sigla	Nome Completo
SPY	SPDR S&P 500
XLE	Fundo Energy Select Sector SPDR
GLD	SPDR Gold Trust
QQQ	Invesco QQQ ETF (NASDAQ-100)
TLT	ETF iShares 20+ Year Treasury Bond
SLV	iShares Silver Trust
FXE	ETF de moeda (Euro)
XLU	ETF de Utilidades
AAPL	Ações da Apple
GOOGL	Ações da Google
IBM	Ações da IBM
AMZN	Ações da Amazon
TSLA	Ações da Tesla
VIX	Índice de Volatilidade CBOE (volatilidade implícita para S&P 500)

Sigla	Nome Completo
GVZ	Índice de Volatilidade CBOE para Ouro
VXAPL	CBOE Equity VIX na Apple
VXAZN	CBOE Equity VIX na Amazon
VXN	Índice de Volatilidade CBOE NASDAQ-100

Acrônimo	Nome completo
NYSE	New York Stock Exchange (Bolsa de Valores de NY)
ETF	Exchange-Traded Fund (Fundo Negociado em Bolsa)
DTE	Days to Expiration (Dias até o Vencimento)
EMH	Efficient Market Hypothesis (Hipótese de Mercado Eficiente)
ITM	In-the-Money
OTM	Out-of-the-Money
ATM	At-the-Money
P/L	Profit and Loss (Lucro e Perda)
IV	Implied Volatility (Volatilidade Implícita)
VaR	Value at Risk (Valor em Risco)
CVaR	Conditional Value at Risk (Valor Condicional em Risco)
POP	Probability of Profit (Probabilidade de Lucro)
BPR	Buying Power Reduction (Redução do Poder de Compra)
IVP	IV Percentil
IVR	IV Rank
NFT	Non-Fungible Tokens (Tokens Não Fungíveis)

Símbolo Variável	Nome Variável/Definição
S	Preço à vista/de ações: o preço do ativo-objeto.
V	Preço do contrato: o preço das opções, reparando que C é usado se o contrato é uma compra e P é usado em caso de venda.
K	Preço do exercício: o preço no qual o detentor de uma opção pode comprar ou vender um ativo em uma data futura ou antes.
r	Taxa de retorno livre de risco: a razão teórica de retorno de um ativo sem risco.
μ	Média: a tendência central de uma distribuição.
σ	Desvio padrão: o spread de uma distribuição; também usado como medida de incerteza ou risco. Volatilidade: o desvio padrão de log-retorno de um ativo; uma entrada chave na precificação de opções.
Δ	Delta: a mudança esperada no preço de opções dado um aumento de US\$1 no preço do ativo-objeto.
Γ	Gama: a mudança esperada no delta de uma opção dada uma mudança de US\$1 no preço do ativo-objeto.
θ	Teta: a desvalorização temporal esperada no valor extrínseco de uma opção em dólares por dia.
β	Beta: a volatilidade da ação em relação ao mercado geral.
$\beta\Delta$	Delta ponderado em beta: a mudança no preço de uma opção dada uma mudança de US\$1 em algum índice de referência.

Número da Equação	Equação
1.1 Retorno Simples	Retorno Simples $= R_t = \dfrac{S_t - S_{t-1}}{S_{t-1}}$
1.2 Log-Retorno	Log-Retorno $= R_t = \ln\left(\dfrac{S_t}{S_{t-1}}\right)$
1.3 P/L de Call Comprada	P/L da call comprada $= max(0, S - K) - C$
1.4 P/L de Put Comprada	P/L da put comprada $= max(0, K - S) - P$
1.5 Média Populacional	Média $= \mu = \dfrac{1}{n} \cdot \sum\limits_{i=1}^{n} x_i = \dfrac{1}{n} \cdot (x_1 + x_2 + x_3 + \cdots + x_n)$
1.6 Valor Esperado	$E[X] = \sum\limits_{i=1}^{k} x_i \cdot p_i = x_1 \cdot p_1 + x_2 \cdot p_2 + x_3 \cdot p_3 + \cdots + x_k \cdot p_k$
1.7 Variância Populacional	Variância $= \sigma^2 = \dfrac{1}{n} \cdot \sum\limits_{i=1}^{n} (x_i - \mu)^2$
1.8 Variância	$\begin{aligned} Var(X) &= E[(X - E[X])^2] = E[X^2] - E[X]^2 \\ &= (x_1^2 \cdot p_1 + x_2^2 \cdot p_2 + x_3^2 \cdot p_3 + \cdots + x_k^2 \cdot p_k) \\ &\quad - (x_1 \cdot p_1 + x_2 \cdot p_2 + x_3 \cdot p_3 + \cdots + x_k \cdot p_k)^2 \end{aligned}$
1.9 Assimetria	Assimetria $= \dfrac{1}{n} \cdot \dfrac{\sum\limits_{i=1}^{n}(x_i - \mu)^3}{\sigma^3}$
1.15 Delta	$\Delta = \dfrac{\partial V}{\partial S}$

Número da Equação	Equação
1.16 Gama	$\Gamma = \dfrac{\partial \Delta}{\partial S} = \dfrac{\partial^2 V}{\partial S^2}$
1.17 Teta	$\theta = \dfrac{\partial V}{\partial t}$
1.18 Covariância Populacional	$\text{Covariância} = \text{Cov}(X, Y) = \dfrac{1}{n} \cdot \displaystyle\sum_{i=1}^{n} (x_i - \mu_X)(y_i - \mu_Y)$
1.19 Covariância	$\text{Cov}(X, Y) = E[(X - E[X])(Y - E[Y])]$
1.20 Coeficiente de Correlação	$\text{Correlação} = \rho_{XY} = \dfrac{\text{Cov}(X, Y)}{\sigma_X \sigma_Y}$
1.21 Propriedade Aditiva de Variância	$\text{Var}(X + Y) = \text{Var}(X) + \text{Var}(Y) + 2\text{Cov}(X, Y)$
1.22 Beta	$\beta = \dfrac{\text{Cov}(R_i, R_m)}{\text{Var}(R_m)}$
2.1 Aproximação da Faixa Esperada de $\pm 1\sigma$ (%)	$\text{Faixa esperada de } 1\sigma \ (\%) = IV \cdot \sqrt{\dfrac{N^\circ \text{ de dias do calendário}}{365}}$
2.2 Aproximação da Faixa Esperada $\pm 1\sigma$ (US\$)	$\text{Faixa esperada de } 1\sigma \ (\$) = \text{Preço da ação} \cdot IV \cdot \sqrt{\dfrac{N^\circ \text{ de dias do calendário}}{365}}$

Número da Equação	Equação
3.1 IV Percentil (IVP)	$$IVP = \dfrac{\text{Número de dias no ano anterior com IV abaixo da IV atual}}{252}$$
3.2 IV Rank (IVR)	$$IVR = \dfrac{\text{IV atual } - \text{ IV mín. no ano passado}}{\text{IV máx. no ano passado } - \text{ IV mín. no ano passado}}$$
4.1 BPR de Put Vendida	BPR de put vendida$= max\,(((0.2 \times S) - (S - K))$ $\times 100,\ (0.1 \times K)$ $\times 100, 250 - P \times 100)$
4.2 BPR de Call Vendida	BPR de call vendida $= max\,(((0.2 \times S) - (K - S))$ $\times 100,\ (0.1 \times K)$ $\times 100, 250 - C \times 100)$
4.3 BPR de Strangle Vendido	BPR de strangle vendido$= max\,(\text{BPR de put}, \text{BPR de call})$
5.1 BPR de Condor de Ferro Vendido	**BPR de Condor de Ferro Vendido** $= 100 \times$ max(strike de call comprada - strike de call vendida, strike de put vendida - strike de put comprada) $- 100 \times$ (preço de call vendida + preço de put vendida $-$ preço de call comprada - preço de put comprada)
8.1 Porcentagem Aproximada de Alocação de Kelly	$$f = r \cdot \dfrac{\text{DTE}}{365} \cdot \dfrac{\text{POP}}{1 - \text{POP}}$$

Referências

1. Campbell, J. M. (1997). *The Econometrics of Financial Markets*. Princeton University Press.

2. Chriss, N. A. (1997). *Black-Scholes and Beyond: Option Pricing Models*. Irwin Professional Publishing.

3. Hull, J. C. (2015). *Options, Futures, and Other Derivatives*. (9 ed.) Pearson.

4. Kelly, J. L. (1956). A new interpretation of information rate. *Bell Systems Technical Journal*, 35(4), 917–926. https://ieeexplore.ieee.org/document/6771227

5. Ross, S. M. (2005). *A First Course in Probability*. (8 ed.) Pearson.

6. Shreve, S. E. (2004). *Stochastic Calculus for Finance I: The Binomial Asset Pricing Model*. Springer.

Índice

premissa direcional 103

pressuposto direcional 4

previsibilidade do mercado 104

probabilidade
  condicional 185–186
  de lucro 59, 88, 172

processo de Wiener 21

produto telescópico 179

proporções de alocação de capital 157

propriedade útil 180

proxy solitária 61

Q

queda diária do prêmio 99

R

recentralização de exercício 163

recessão de 2008 61, 67

redução do poder de compra (BPR) 62,
    64, 81, 173

relação inversa 86

resiliência à volatilidade do mercado 135

retorno 2
  simples 3

reversão de IV 50

risco
  atípico 102, 173
  de cauda 55–56, 61
    histórico 63
  definido 82–83
  direcional 141
  foward-looking 62
  histórico 40

idiossincrático 137

indefinido 82–83
  estratégia de 57
  -objeto 45
  past-looking 62
  percebido 39, 40, 46
  -retorno 45–46, 81
  sistêmico 138

rolagem, técnica 118

S

Segunda-Feira Negra de 1987 111

sentimento de incerteza do mercado 47

short strangle 57

sorriso de volatilidade 181, 183

spread
  bid-ask 92
  vertical (travas) 104

stop loss 122–123, 175

strangle vendido 82, 104

strike 99
  assimetria de 106
  assimetria do 111

superavaliação da IV 166

swaptions 2

T

taxa
  de crescimento logarítmico 187
  flutuante 25
  livre de risco 20, 41

teorema do limite central 17, 70, 168,
    172, 180

Este livro foi impresso nas oficinas gráficas da Editora Vozes Ltda.,
Rua Frei Luís, 100 – Petrópolis, RJ.